고통보다 깊은

고통보다 깊은

폴 투르니에 _ 오수미 옮김

Ivp

IVP(InterVarsity Press)는
캠퍼스와 세상 속의 하나님 나라 운동을 지향하는
IVF(InterVarsity Christian Fellowship)의 출판부로서
생각하는 그리스도인을 위한 문서 운동을 실천합니다.

Originally published by Labor et Fides
as *Face á la Souffrance* by Paul Tournier
ⓒ 1982 by permission of Labor et Fides
Translated by permission of Labor et Fides
1 rue Beauregard, 1204 Genéve, Suisse
All rights reserved.

Korean Edition ⓒ 2004 by Korea InterVarsity Press
156-10 Donggyo-Ro, Mapo-Gu, Seoul, 04031 Korea

Face à la Souffrance

– Paul Tournier

전화 상담 서비스를 개척한
베를린의 클라우스 토마스(Klaus Thomas) 박사와
제네바의 레이널드 마틴(Raynald Martin) 목사에게
그리고 그들의 동역자들에게.
또한 저술을 통해 내가 이 책을 쓰도록 영감을 불어넣어 준
피에르 렌취니크(Pierre Rentchnick) 박사와
앙드레 에이날(André Haynal) 박사에게.

차례

추천의 글　11

서문: 고아에 관한 수수께끼　15

제1장　창조성으로 이어지는 상실　25

제2장　위장된 축복?　49

제3장　승리인가, 패배인가?　77

제4장　상실과 좌절　103

제5장　난관으로 지연되는 수용　125

제6장　분노　147

제7장　용기　169

제8장　정보 이론에서 말하는 잡음　197

제9장　일상성과 창조성　219

인용 도서　245

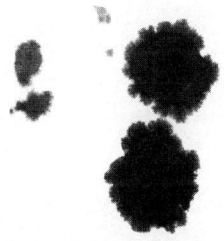

추천의 글

이 책은 폴 투르니에의 다른 저서 「모험으로 사는 인생」, 「강자와 약자」(이상 한국 IVP 역간)와 더불어 나의 인생 행로에 지대한 영향을 미친 책이다. 상실과 고통의 의미를 이와 같이 예리하고 섬세하게 파헤친 책은 흔치 않을 것이다. 그의 모든 글이 그런 것처럼, 이 책에도 그의 주관적 경험이 성서 심리학적인 진리와 함께 조화롭게 녹아 있다.

이 책이 처음 프랑스어로 출간된 것은 1981년의 일이다. 투르니에가 88년의 생을 마무리하기 전, 고아의 상실감이라는 자신의 문제를 객관화하였다는 것은 사뭇 의미 있는 일이라 하겠다. 이 책의 영문판은 그 다음 해인 1982년에 출간되었다.

일찍이 투르니에는 하나님은 우리 인간 발달 과정에 사랑과 고통, 동일시 그리고 적응이라는 재료를 사용하신다고 간파한 바 있다. 이 책은 이 주제들 가운데 고통과 적응의 문제를 집중적으로 다루고 있다.

투르니에는 이 책에서 (각종 축복의) 박탈과 창조성의 관계, 고통과 실패와 상실의 의미를 성서 심리학적으로 탐색한다. 그는 이른 나이에 고아가 되어 88년의 생애를 고아로 살았다. 많은 축복을 박탈당했고 소중한 것을 상실했다. 서문에 밝히고 있는 것처럼, 그는 상실과 창조성 사이에 있는 신비한 관계에 의문을 갖고 수많은 지도자들이 고아나 사생아 출신이라는 데 자극을 받아 이 책을 저술하기에 이르렀다. 정치가, 종교 지도자, 철학자, 과학자, 작가, 예술가 가운데 '창조적 소수'가 다른 사람들보다 좌절과 상실을 훨씬 더 많이 겪었다는 사실을 설득력 있게 진술하고 있다. 그는 고통 그 자체는 창조적인 것이 아니지만, 고통 없이는 창조적인 사람이 되기 어렵다고 말한다. "사람을 자라게 하는 것은 고통이 아니지만, 고통 없이는 사람이 성장할 수 없다. 모든 상실과 고통은 창조성을 캐내기 위한 특별한 기회다"라고 말하고 있다.

고통과 시련은 중립적인 것이다. 중요한 것은 사람이 시련 앞에서 어떻게 반응하느냐 하는 것이다. 우리 태도가 성장과 퇴보를 결정한다는 것이다. 이 가혹한 재난 앞에서 개인적으로 어떻게 반응할 것인가? 긍정적, 적극적, 창조적으로 반응하여 인격을 성장시킬 것인가 아니면 부정적으로 반응하여 발전을 저해할 것인가? 그것이 우리의 몫이다.

투르니에는 이 책에서 "어떤 반응은 역사에서 탁월한 역할을 수행하는 것으로 귀결되고 어떤 반응은 실패한 삶으로 끝난다. 한편 적절한 시기에 적절히 주어진 도움이 한 사람의 인생 행로 전체를 결정할 수 있다"고 말하고 있다.

내가 이 책을 처음 읽은 지 20년이 넘었다. 개인적인 이야기를 하자면, 내게는 몇 권의 양서를 소개해 주어 삶의 방향을 바꿔 준 웨슬리 웬트워스(Wesley Wentworth)라는 미국인 친구가 있는데, 나는 이 책을 1983년 성탄절에 그에게서 선물로 받았다. 이 책을 읽을 때마다 새로운 감동이 밀려오고, 큰 위로와 격려를 받는다. 투르니에는 실제 고아로, 나는 심리적 고아로 성장했다. 우리는 많은 축복을 박탈당했고 수많은 좌절을 경험했다. 그러나 우리는 믿음 안에서 닥쳐오는 역경에 창조적으로 반응할 수 있었다. 다른 많은 공통점에도 불구하고, 투르니에를 내가 동일시의 대상으로 삼고 있는 이유는 여기에 있다.

나의 은사인 게리 콜린스(Gary Collins) 박사는 「폴 투르니에의 기독교 심리학」(한국 IVP 역간)에서, 투르니에의 가장 큰 공헌은 심리학과 성경적 기독교의 통합, 인격적 관계의 중요성을 상기시켜 준 것, 삶을 위한 실제적인 지침을 제시한 것이라고 요약한 바 있다. 여러분은 이 책을 읽으며 이를 확인하게 될 것이고, 말년까지 계속된 그의 지적 호기심과 독서량, 넓은 교제권에 감탄하게 될 것이다.

저자가 서거한 지 20년이 가까워 오는 해에 투르니에의 마지막 작품인 「고통보다 깊은」이 우리말로 출간되어 그의 심오한 지혜를 여러분과 나누게 된 것을 기뻐해 마지 않는다. 특별히 프랑스어 원본에서 정확한 번역으로 사랑의 수고를 아끼지 않은 오수미 씨에게 독자를 대신해 고마움을 표하고 싶다. 내과의사와 상담자로서의 그의 생애와 사역은 '인격 의학'이라는 이름으로 널리 알려져 있는 바, 20여 권이 넘는 투르니에의 수많은 저서는 19개국의 언어로 번역되어 지금도 전 세계에 지속적인 영향을 미치고 있다. 당신이 마음을 열고 이 책을 읽어내려 간다면, 왜 투르니에에게 "20세기 기독교가 가장 사랑한 상담자"라는 별명이 붙게 되었는지를 이해하게 될 것이다. 관심사와 직업적인 배경이 무엇이건 간에, 읽은 내용을 당신의 삶에 적용시키는 가운데 영적 진보와 성숙의 기쁨을 맛보게 되기를 바라마지 않는다.

정동섭 교수(Ph.D.)
가족관계연구소 소장

서문: 고아에 관한 수수께끼

"고아가 세계를 주도한다."

나는 책을 쓰기 시작할 때면 으레 책의 첫 페이지를 펼쳐 읽고 있을 당신—내가 알지 못하는 독자를 그려 본다. 이 책은 나의 스무 번째 책이니 성년의 글인 셈이다. 당신은 다른 책을 읽을 때처럼 저자와의 대화를 시도하며 나에게 다가오려 할 것이다. 하지만 아직 우리는 완전히 함께하지 못한다. 당신에게는 현 시점이 이 책의 주제에 대한 내 생각에 동참하는 것이지만, 나에게 이 시점은 개인적으로 겪은 수많은 경험과 놀라움과 확신으로 이루어진 긴 과정의 정점(頂點)이기 때문이다. 그 과정은 당신이 알지 못하는 긴 여정이었다. 나 또한 당신과의 접촉점을 찾으려 하고 있지만 나 역시 당신에 대해 아는 바가 없다. 당신은 당신 자신의 경험, 특히 현재 처한 곤경이나 이전에 겪었던 역경에 비추어 내 글에 반응할 것이다. 나의 어떤 말들은 당신의 상처를 다시 건드릴 위험 요소가 있기도 하다.

어쨌든 나는 여기서 당신의 삶을 함께 나눌 수 없기에 일단 나 자신에 관한 것을 말할 것이고, 당신은 내가 걸어 온 길, 그리고 이 책을 쓰게 된 과정을 짚어 볼 수 있을 것이다. 이 책의 출발점은, 제네바의 피에르 렌취니크 박사가 1975년 11월 26일 "의학과 위생학"(*Médecine et Hygiène*)—그는 이 정기 간행물의 편집자이기도 하다—지에 발표한 "고아가 세계를 주도한다"(Les orphelins mènent le monde)[87]* 라는 놀라운 제목의 논문이었다. 프랑스 퐁피두(Pompidou) 대통령이 서거하자 내 동료 렌취니크는 전쟁 말기 미국 루즈벨트(Roosevelt) 대통령의 경우처럼, 정치가들의 질병이 정치적으로 어떤 영향을 미쳤는가 하는 의문을 갖게 되었다.[85] 그래서 그는 세계사의 흐름에 지대한 영향을 끼친 정치가들의 전기를 읽기 시작했다.

얼마 지나지 않아 그는 그들 모두가 고아였다는 놀라운 사실을 발견하고 깊은 인상을 받았다. 어떤 이들은 유년기나 청소년기에 아버지를 잃었고, 어떤 이들은 어머니를, 또 어떤 이들은 양친을 모두 잃었다. 혹은 부모의 이혼으로 아버지나 어머니와 떨어져 지낸 이들도 있었다. 아버지 없이 자라거나 아버지에 관

---

* 본문의 이 번호는 저자가 인용한 도서를 가리킨다.
  245-253면의 인용 도서 목록을 보라.

해 전혀 모르고 자란 사생아도 있었다. 어떤 이들은 부모에게 거부당하고 버림받았다. 렌취니크 박사는 그들의 명단을 작성했다. 알렉산더 대왕, 카이사르에서부터 찰스 5세, 리슐리외(Richelieu) 추기경, 루이 14세, 로베스피에르(Robespierre), 조지 워싱턴, 나폴레옹, 빅토리아 여왕, 골다 메이어(Golda Meir: 이스라엘의 여성 정치가. 건국 공로자로서 1969-1974년 제4대 총리로 재임했다—역주), 히틀러, 레닌, 스탈린을 거쳐 에바 페론, 피델 카스트로, 우푸에 부아니(Houphouët-Boigny: 코트디부아르 초대 대통령. 독립 후에도 프랑스와 협력을 유지함으로써 코트디부아르의 이권을 지킨 정치가—역주)에 이르기까지 300명에 이르는 역사적 거물들의 이름이 여기에 들어 있다.

이들은 소수의 예에 불과하다. 렌취니크 박사가 신중하게 선별하여 논문에 초상화까지 실은 유명인들의 이름을 여기서 다 열거할 수는 없다. 어쨌건 그들 모두는 어린 시절에 심각한 좌절감으로 고통받았다. 여기엔 단 두 명의 예외가 있을 뿐이었다. 바로 비스마르크 수상과 드골 장군이다. 하지만 나는 비스마르크가 어린 시절 버림받은 이들의 명단에 들어 있는 것을 보았다.

우리는 강연을 통해, 한 아이가 제대로 성장하기 위해 아버지와 어머니가 각자의 역할을 조화롭게 수행하는 것이 얼마나 중요한지를 보여 주고 있다. 그런데 세계사에서 가장 결정적인 영향력을 발휘했던 사람들에게 바로 이런 점이 결여되어 있었다는 것을 대번에 알게 된 것이다. 내 동료 렌취니크 박사는 이 놀라운 발견으로부터 '정치적 권력 의지의 기원에 관한 새로운 이론'을 이끌어냈다. 정서적 좌절로 인해 생긴 불안정이 이 아이들에게 이례적인 권력 의지를 불러일으켰으며, 이러한 의지로 그들은 정치계에 들어섰다는 것이다. '세계를 변화시키고,' 가능한 한 크게 성공하겠다는 목표를 가지고 말이다.

나는 태어난 지 두 달 만에 아버지를 잃고 다섯 살 때 어머니마저 잃은 고아이기에 이 논문에 특히 더 관심이 갔다. 그래서 동료를 찾아가 이 이야기를 했다. 그 때는 내 아내가 죽은 직후였기 때문에, 지금 생각하니 세 번째로 고아가 된 기분이 들었던 것 같다. 항상 나 자신이 평화적이고 타협적이라 생각했지만, 무의식적으로 전혀 평범치 않은 권력 의지에 이끌렸음을 인정하지 않을 수 없었다. 사실 나는 정치에 전혀 참여하지 않았지만, 학창 시절에는 정치적 사안에 상당히 민감했다. 실은 최근에 전차를 타고 가다 우연히 옛 친구를 만났다. 우리는 두 정거장을 지나는 동안 즐거웠던 옛 시절을 떠올리며 이야기를 나누었다. 먼저 내린 그 친구는 길에 서서 나를 향해 외쳤다. "우린 모두 자네가 언젠가 스위스 대통령이 될 거라 장담했었다네!" 다행히도 법의 규제 때문에 나는 정치계에 한 발짝도 다가가지 못했다. 당시에 나는 국립 병원의 인턴 의사였고 국가의 녹을 먹는 공복(公僕)은 주 의원 선거에 나갈 수 없었기 때문이다.

어쨌든 나는 의사가 되었고 의술은 정치만큼 권력을 휘두를 수 있는 일이었다. 엠마뉘엘 무니에(Emmanuel Mounier)는 이를 '제4의 권력'이라고 불렀다.[75] 의사라는 직업에서 얻는 모든 만족은 우리가 질병이나 죽음에 대항하는 힘과 연결되어 있다. 우리는 스스로 선택한 전투에서 패배하고 있다고 느낄 때 분함과 굴욕감, 근심이 뒤섞이면서 기가 꺾인다. 하지만 여기에는 그 이상의 것이 있다. 즉 인간을 지배하는 권력이 그것이다. 우리는 무조건적인 신뢰―우리가 그토록 집착하는―를 우리에게 보여 주는 환자들에 대해, 간호사들에 대해, 그리고 우리와 함께 일하는 다른 사람들에 대해 그런 권력을 갖게 된다. 대형 병원 책임자에게는 의료팀 전체를 지배하는 힘이 있다. 위세 높은 관료도 의사 면허증 앞에서는 머리를 숙여야 한다. 의사와 힘 있는 제약 회사의 결탁도 이과 연관된다. 이반 일리히(Ivan Illich)는 「병원이 병을 만든다」(*Nemesis Médicale*, 미토 역간)에서 이러한 결탁 관계를 비판하고 있다.[50]

대부분의 의사들은 자신이 휘두르는 권력을 실감하지 못하기 때문에, 환자가 아무런 반박도 하지 않고 자신의 말을 듣는 것에 익숙해져 있다. 그들은 그렇게 하는 것이 자신의 인격에 미치는 위험스러운 영향도 잘 인식하지 못한다. 때로 의사의 아내가 그것을 알아차리지만 남편에게 일언반구도 할 수 없다. 오히려 그녀의 임무는, 환자에게 너무나 헌신적인 이 가장의 직업 세계에 온 가족이 무한한 충성을 보내게끔 배려하는 것이다. 그런데 의사의 친절하고 자애로운 태도에 익숙한 환자가, 어느 날

의사가 처방해 준 약이 자기에게 맞지 않다고 말했을 때 갑자기 그가 발끈하는 것을 보고 놀라는 일이 생기기도 한다. 의사가 자신의 경험을 바탕으로 한 증거는 고려하지 않으려는 이유가 무엇일까? 누구보다도 의사는 과학적인 인간인데 말이다.

어쨌거나 나의 소명은 단순히 의술만은 아니다. 나는 렌취니크 박사에게 나의 종교적 소명에 대해 이야기했다. 그는 이 점에 대해 알고 있었다. 그는 의기양양하게 외쳤다. "위대한 종교 지도자들 역시 고아였네! 모세가 바구니에 담겨 나일 강에 떠내려갔던 것을 생각해 보게." 프로이트(Sigmund Freud)는 「모세와 일신교」(*Moses and Monotheism*)에서, 실은 어떤 마음 착한 공주가 갈대숲에서 우연히 모세를 발견하여 자기 아버지 바로의 궁전에 이방인인 그를 데려가 아들로 삼은 것이라고 말한다.[33] 어쨌든 모세는 버려진 아이였고 이러한 배경은 애굽인을 죽인 그의 폭력성을 설명하기에 충분하다. 부처 역시 고아였고, 마호메트는 한 살도 되기 전에 부모를 여읜 사람이었다.

어떤 사람이든지 신의 이름으로 말하라는 부르심을 느끼고, 자신이 신의 대변인으로서 말하는 것을 사람들이 경청한다면 그에게 어떤 권력 의식이 생길지 쉽게 상상할 수 있다. 철학자로서 진리를 가르칠 때도 그런 의식이 생길 수 있다. 따라서 렌취니크 박사는 정치가 명단에 종교 지도자와 철학자의 이름을 포함시켰다. 그는 고아였던 자신의 어린 시절에 대해 이야기하고 있는 장 폴 사르트르(Jean-Paul Sartre)의 저서 「말」(*Les Mots*,

홍신문화사 역간)⁹⁸⁾을 언급했다. 우리는 위대한 설교자와 철학자가 줄곧 어떤 특권을 누려 왔는지 잘 알고 있으며, 그것이 단순히 그들의 영감 있는 가르침 때문만이 아니라 지도자로서의 자질 때문이라는 것도 알고 있다. 공자는 한 살 때 아버지를 잃었고 루소는 태어난 지 얼마 안 되어, 데카르트는 한 살 때, 파스칼은 세 살 때 각기 어머니를 잃었다.

따라서 무의식적인 권력 의지가 대다수 저명한 인물들의 삶에서 중요한 역할을 하는 것 같다. 그들이 이 의지로 하나님과 사람들, 문화에 봉사할 수 있기 때문에 여기에는 좋은 면이 있다. 그러나 이것은 그들 사이에 의견 일치를 어렵게 만들기도 한다. 자신을 지고한 진리의 수호자라고 생각하는 사람이 어떻게 타협적이며 관용적일 수 있겠는가? 그래서 종교 전쟁과 이데올로기적 혁명이 가장 맹렬한 싸움에 속하는 것이다. 옛 문구 '라비에스 데올로지카'(*rabies theologica*), 즉 신학적 광기는 이러한 오랜 역사를 표현한다. 권력에 대한 갈증은 이 세상의 위대한 인물들을, 또한 우리 각자를 가장 고귀한 행동으로 이끌기도 하고 가장 비열한 행동으로 몰고 갈 수도 있다.

렌취니크 박사와 대화를 나눌 무렵, 나는 「폭력성과 권력」(*Violence et Puissance*)¹⁰⁵⁾을 집필 중이었다. 그 내용은 다음과 같이 요약할 수 있다. 야망과 폭력성은 권력과 결탁할 때 저항할 수 없을 정도로 증폭되기 때문에 사람에게 권력이 있다는 것은 얼마나 위험한 일인가! 나는 한 장에 걸쳐 점점 자라고 있는 의학의 힘에 대해 쓸 수밖에 없었다. 물론 고아에 대한 이 모든 내용, 내 동료의 논문, 우리의 논의, 그 문제에 대한 내 성찰도 포함시켰다. 그러자 이번에는 내 친구가 자신의 생각을 더욱 발전시켜 원 논문에 기초한 책을 펴냈다.[86] 그는 자신의 책 첫 장에서 나에 대해 언급했다. 얼마나 기분이 좋던지! 이것은 칭찬 주고받기―모든 대학교와 교회와 응접실에서 이루어지는―라는 다소 유치한 놀이가 아닌가? 이렇게도 말할 수 있을 것이다. "네가 나를 칭찬했으니까 나도 너를 칭찬하고, 내가 널 칭찬했으니까 너도 나를 칭찬하는 거야."

1장 창조성으로 이어지는 상실

"좋은 날씨를 정말로 즐기려면
그 전에 나쁜 날씨가 오랫동안 계속되어야 한다."

그런데「고아가 세계를 주도하는가?」(*Les orphelins mènent-ils le monde?*)라는 좀더 신중한 제목이 붙은 렌취니크의 책은 앞의 내용보다 훨씬 더 많은 것을 다루고 있다. 내 동료는 역사학자와 정신 분석학자에게 해당 분야의 관점에서 제기되는 문제를 다루어 달라고 부탁해서 자신의 글을 보충하겠다는 멋진 생각을 해 냈기 때문이다. 참으로 훌륭한 발상이다. 그 역사학자란 피에르 드 세나르클랑(Pierre de Senarclens) 교수로, "정치가에 대한 정신 분석학적 전기를 쓰는 것이 가능한가?"(La biographie psychanalytique des hommes politiques est-elle réalisable?)[99]라는 제목의 글을 썼다. 그의 관심을 끄는 것은 정치가가 정치나 정책에 뛰어든 이유, 즉 정치가의 정치적 선택이나 직업 선택 배

후에 있는 의식적 혹은 무의식적 동기가 아니다. 그에게 중요한 것은 그들이 하는 일, 그들의 정치적 행위 그 자체다. 이는 매우 흥미로운 문제이긴 하지만, 렌취니크가 제시하는 문제와는 다른 성격을 띤다. 드 세나르클랑 교수는 렌취니크의 주장에 부정적으로 답변한다. 즉 정치가의 내밀한 경험이 그로 하여금 권력을 탐하도록 내몰았을지 모르나 그가 펼치는 정치 활동 자체를 설명하지는 못한다는 것이다.

한편 렌취니크의 글을 보충한 정신 분석학자는 앙드레 에이날 교수로, 자신의 글에 "고아와 연관시켜 본, 상실에 관한 정신 분석학적 고찰"(Discours psychanalytique sur le manque, à propos des orphelins)이라는 제목을 붙였다.[47] 나는 이 논문을 열정적으로 탐독했다. 이 글은 고작해야 60쪽 정도로 길지는 않지만, 정신 분석학이 명철하고 지혜롭게 이용되기만 한다면 고아의 삶을 변화시킬 수도 있는 정서적 기제(mechanism)—나 자신이 발견하고 체험했듯—를 이해하는 데 얼마나 유익한지를 보여 주었다. 또한 나는 저자가 역사와 문학에서 수집한 방대한 양의 설득력 있는 예증에 놀랐다. 그런데 나를 또 한 번 놀라게 한 것이 있었다. 그것은 앞서 당신을 나와 함께하자고 초청한 내 사고 여정에서 두 번째 전환점이 되었다.

상실의 삶

제목에서 보다시피 에이날 박사는 '상실'(deprivation)이라는 새로운 개념을 도입하여, 본 논의에 매우 새로운 차원을 부여하고 있다. 고아는 한부모나 양(兩)부모 모두를 상실한 사람이다. 하지만 인생에는 다른 '상실'이 많이 있다. 학생 시절에 나와 잘 알고 지냈던 어떤 사람이 내게 보낸 편지에 썼듯이, 아버지가 살아 있기 때문에 실상 고아는 아니지만, 정신적으로는 아버지의 부재를 느끼며 어린 시절을 보낸 사람이 너무나 많다. 상실에 대해 생각하는 순간부터, 고통스러운 인생 행렬이 우리 머릿속을 끝없이 스치고 지나간다.

자연스럽게 나는 남편과 자녀를 잃은 사연을 자세히 털어놓았던 여인들을 먼저 떠올리게 된다. 날마다 느끼는 고통을 감추면 감출수록 그들의 외로움은 커져만 갔다. 그들은 육체적 사랑을 상실한 것이었지만 결핍감은 그 이상이었다. 연인이 있다 하더라도 삶 전체를 나누는 것, 즉 여성이 남성보다 더 필요로 하는 '함께하는 삶'이 그들에겐 없었던 것이다. 혹 어떤 미혼녀에게 아이가 있다면, 그 아이를 아무리 귀하게 키운다 하더라도 아버지의 지지와 권위가 결여되어 있다. 또한 사랑에 배신당한 사람들, 버림받은 남편이나 아내들을 생각해 보라. 연인이나 배우자가 갑작스레 떠나는 것은 대개 청천벽력 같은 충격이다. 불임 부부들, 더 심하게는 자녀를 잃은 부부들도 생각해 보라. 그들이 그것에 대해 더 이상 이야기하지 않을지라도 상실감에서 쉬 헤어나지는 못할 것이다. 삶이 가져오는 각종 실패와 이혼, 사별을 겪은 이들도 마찬가지일 것이다.

게다가 상당수의 기혼 여성, 심지어 행복한 결혼 생활을 하는 것처럼 보이는 여성들마저도 미묘하지만 고통스러운 상실감을 겪고 있다. 대체로 남자는 자신의 감정을 표현하는 데 서툴기 때문에 그들은 남편과 진정한 대화를 나누지 못한다. 나는 지난 책 「여성, 그대의 사명은」(*La mission de la femme*, 한국 IVP 역간)[107]에서 그러한 경우를 언급했다. 아내는 남편에게 몇 시간씩 이야기하는데 남편은 한마디 대꾸조차 하지 않을 수 있다. 말을 하더라도 자신이 느끼는 바나 개인적인 관심사가 아니라, 객관적 사실이나 추상적인 개념에 대한 이야기뿐이다.

먹을 것이 없으면 굶어 죽을 수밖에 없는 것처럼, 삶에서 가장 기초적인 것들이 결핍된 사람도 많다. 재정적 안정이나 직업이 없는 사람, 삶의 터전을 잃은 난민도 많다. 학업을 마치고 싶었으나 그럴 수 없었던 사람들, 그래서 쓰라린 상실감을 평생 짊어지고 사는 사람들도 있고, 선택한 직업을 포기해야 했던 사람들도 있다. 환자는 건강을 박탈당했고, 장애인은 청각이나 시각, 혹은 팔다리나 걷는 능력 그리고 그런 능력에 수반되는 독립성을 상실했다. 노인은 젊음을 박탈당했다. 퇴직자는 일을 잃은 동시에, 일이 보장해 주고 삶에서 큰 비중을 차지하던 사회적 관계를 잃었다. 많은 직장인들이 흥미를 상실한 채 일을 한다. 진정한 우정을 찾지 못한 사람이 허다하다. 당신은 성 아우구스티누스가 「고백록」(*The Confessions*, 크리스챤다이제스트 역간)[4]에서 친구의 죽음을 얼마나 감동적으로 표현했는지 기억할 것이다. 그는 자신의 삶이 텅 비고 자기 몸이 잘려 나간 것처럼 느꼈다.

한편 빅토르 프랑클(Viktor Frankl)은 우리 서구 문명의 거대한 상실을 고발한다.[28] 많은 사람들이 삶에서 아무런 의미를 찾지 못하고 있다. 심지어 직업적, 사회적 성공의 최고봉에 서 있는 사람들조차 그렇다. 또한 침묵, 푸른 들판, 햇빛, 평화는 물론, 내적인 삶이나 단순히 받아들여진다는 느낌도 결핍되어 있다. 사회의 소외된 계층, 동성애자, 사회적 혹은 자연적 재난의 희생자, 다른 사람들로부터 존중받지 못하는 사람, 자기 표현력이 부족한 소심한 사람, 자신들을 치유해 줄 사랑이 결핍된 신경증 환자들이 모두 현대 사회의 상실과 결핍을 보여 주고 있다.

당신은 내가 더 길게 나열하지 못하는 것을 이해할 것이다. 우리가 살고 있는 세상에는 얼마나 많은 고통이 존재하는가! 우리는 이미 고아 문제의 범위를 훨씬 넘어선 것 같다. 그러나 여기서 끌어낼 수 있는 추론은 분명하다. "모든 사람이 고아가 되는 것은 아니다." 이것은 쥘 르나르(Jules Renard)의 책에 등장하는 홍당무(Poil-de-Carotte)가 한 말이다.[84] 하지만 에이날 박사는 그의 글 첫머리에 솔 벨로우(Saul Bellow)의 말을 인용한다. "모든 사람은 고아로 태어난다." 그리고 그는 이렇게 쓴다.

"단지 고아는 인간의 근원적인 경험을 다른 사람들보다 좀더 강렬하게 겪을 뿐이다." 그렇다. 이것은 우리 모두와 관련이 있는 상실과 유한성의 경험이다. 이것은 우리가 직면해야 하는 인생의 모든 시련과 연관된다. 대단한 특권을 누리는 사람이라 할지라도 결핍된 것이 있다. 바로 진정한 인간이 되기 위해 필요한 고통의 시련이 없는 것이다. 말하자면, 그들에게는 결핍 자체가 결핍되어 있다고 할 수 있겠다.

그러나 그런 사람들이 자신의 특권적 위치를 의식하고 즐기는 경우는 드물다. 우리가 좋은 날씨를 정말로 즐기려면 그 전에 나쁜 날씨가 오랫동안 계속되어야 한다. 마찬가지로 불행한 일을 겪고 나서야 행복을 만끽할 수 있다. 특권을 가진 사람들은 자신이 아직 갖지 못한 것에, 아니면 심지어 우습게도, 혹시 자신에게 없는 것이 있는지에 무척 집착하는 경향이 있다. 욕망은 만족을 모른다는 말이 정말 맞는 것 같다.

결핍과 욕망

방금 내가 한 것처럼 우리에게 결핍된 것들을 닥치는 대로 나열하기보다, 물질적이든 정신적이든 우리의 절대적 필요와 관련된 결핍과, 끊임없이 우리 마음속에 출현하는 헛된 욕망을 구분하는 것이 더 적절할 것이다. 르네 지라르(René Girard)는 자신이 모방 욕구(mimetic desire)라고 지칭한 보편적 현상을 강조했다.[38] 즉 우리는 자신이 갖지 못한 특권이나 재화를 가진 사람을 보는 것만으로도, 그것을 탐내게 되며 우리에게 그것이 없음을 깨닫는다. 도덕주의자들은 우리에게 절제를 설교하고, 행복이 자신의 몫에 만족하는 데 있다고 말한다. 맞다, 다 맞는 말이다. 아무것도 부족한 것이 없으면 이렇게 말하는 것이 쉽다. 도덕주의자들은 대개 이런 위치에 있다. 그들은 사그라지지 않는 야망으로 점점 더 고통받는 사람들의 어리석음을 비난하지만, 헛된 일이다.

나는 도덕주의자들처럼 가혹하지는 않다. 우리 중 그 누구도 평생 벗어날 수 없는 생명의 근본적인 특성을 분간할 줄 알기 때문이다. 내가 가끔씩 손질하는 우리 집 주변에 심긴 관목들은 짧은 기간에 아주 무성하게 자라난다. 나는 이러한 자연의 충만함을 지켜보면서 생명의 특성에 대해 자주 생각하게 된다. 우리 도시의 시장이자 내 동료인 도트랑 박사(Dr. Dottrens)는 예전에 어느 성당에서 설교를 부탁받은 적이 있었다. 그는 매우 독특한 일화로 설교를 끝맺었다. 그것은 그가 생명의 힘을 목격할 때마다 느끼는 경이로움에 관한 것이었다. 그는 도시 한복판, 행인이 쉴 새 없이 밟고 다니는 길 위에서 작은 풀이 자라난 것을 보았다. 그것은 단단한 아스팔트를 가까스로 뚫고 나와 그 틈새로 가냘픈 싹을 틔웠고, 두 개의 부드러운 잎을 의기양양하게 내보이며 햇빛을 받고 있었다.

생명이 있는 한, 욕망 즉 자라나려는 욕망이 있다. 심지어 수

도사도 이 생명력에서 자신의 서약을 지킬 수 있는 힘을 끌어낸다. 그는 금욕 생활에서 유익을 얻고자 자신을 부정한다. 우리로서는 정말 다행스러운 일이다. 히포크라테스 이후 의학이 근본적으로 의존해 온 것도 이러한 자연의 힘이 아닌가? 일종의 상실 내지 결핍인 질병은 장애물이며, 의사는 생명이 그것을 물리치길 기다리며 계속 지켜본다. 더욱이 우리 믿는 자들은 이러한 생명이 우리와 함께 싸우시는 하나님의 숨결임을 알고 있다.

이렇게 하여 상실이라는 좀더 보편적인 개념을 끌어들여 우리의 논의가 확장되었다. 한 가지 비유가 머릿속에 떠오른다. 한 영화에서, 카메라가 화면을 가득 채울 만큼 등장 인물을 확대해서 보여 준다고 하자. 그러다 갑자기 줌 렌즈를 사용하여 시야의 폭을 최대한 넓히면 그 인물은 거대한 군중 속에 묻힌 아주 작은 인물로 사라져 버린다. 렌취니크 박사와 함께 우리는 고아라는 특정한 문제에 시선을 고정시켰다. 하지만 에이날 박사를 통해서, 이 문제는 의사인 그가 매일 직면하는 인생의 무수한 고통 가운데 특수한 한 경우일 뿐임을 알게 된다. 그럼에도, 고아에 관한 사례는 매우 놀라운 주제이며, 연구 대상이 되기에 적합하다. 사람은 고아이거나 고아가 아니거나 둘 중 하나이므로 통계를 내는 것이 가능하기 때문이다. 그러나 삶의 다른 여러 가지 좌절에 대해서는 그렇게 할 수 없다. 인간의 행복이나 불행에 관해 개인적인 관점에서 통계를 내는 것은 헛된 작업일 것이다.

권력 의지와 창조성

하지만 에이날 박사는 우리 논의의 범위를 바꾸었다. 렌취니크 박사는 역사적으로 명성을 떨친 위대한 고아들의 사례를 통해 권력 의지를 언급한 반면, 에이날 박사는 창조성에 대해 이야기하였다. 이 둘은 상당히 다른 문제다. 독자는 내가 그의 글을 읽으면서 느꼈을 자아 도취적인 만족감을 상상할 수 있을 것이다. 나는 엄청난 권력 의지보다 약간의 창조성을 가진 자로 인정받는 편이 훨씬 좋기 때문이다.

이 점을 깊이 생각해 보면, 심지어 정치가조차 권력 의지만으로는 충분하지 않다는 것을 깨닫게 된다. 정치가는 권력 의지로 권력을 탈취하고, 그것을 강제로 유지하는 독재자나 폭군이 될 수 있다. 대중이 자발적으로 받아들일 만한 매력적인 이상을 제시할 수 있는 사람만이 참다운 정치 지도자다. 그럴 수 있다면 그의 정책이 해로운 것으로 판명될지라도 그는 창조자라고 할 수 있다. 에이날 박사는 "창조성을 부여받은 정치가가 지도자가 된다"고 쓰고 있다. 에이날은 권력 의지의 역할을 부정하지는 않지만 그것을 도움이 되는 힘 정도로 여긴다. 삶이란 변화이며 인간은 변화를 두려워한다고 그는 말한다. 그렇다면 지도자는 사람들이 변화에 적응하도록 돕는 사람이다. "그것은 항상 새로운 것을 만들어 내는 것에 관한 문제다." 과학계에서도 천재는 새로운 개념을 발견하는 사람이며, 이는 주로 창조적

직관의 기능이다.

에이날 박사가 제시한 창조성의 예를 살펴보면, 렌취니크의 목록보다 예술가나 작가들이 훨씬 더 많이 포함되어 있다는 것은 놀라운 일이 아니다. 그는 "나를 포함한 여러 정신 분석학자는 사별, 손실, 상실의 과정과 창조성 사이에 모종의 관계가 있음을 확신한다"고 쓰고 있다. 창조적인 예술가들 가운데 고아의 비율이 높은 것을 보면 깊은 인상을 받을 수밖에 없다. 레오나르도 다 빈치는 사생아였고 바흐는 고아였다. 작가들 중에 이미 언급한 장 자크 루소와 장 폴 사르트르는 말할 것도 없고 몰리에르, 라신, 스탕달, 보들레르, 카뮈, 조르주 상드, 키플링, 에드가 앨런 포우, 단테, 알렉상드르 뒤마, 톨스토이, 볼테르, 바이런, 도스토예프스키, 발자크 등도 모두 고아였다.

최근에 나는 남아프리카의 어느 병원에서 이 주제에 관한 강연을 했다. 통역을 맡은 사람은 젊은 여성이었는데, 어렸을 때 앓은 소아마비의 후유증과 싸워 온 용감한 여인이었다. 그 여성은 프랑스어 교사였다. 그녀는 나중에 차 안에서 말하기를, 내 강연을 통역하는 동안 자신이 좋아하는 프랑스 작가들에 대해 생각하면서 사실 그들 모두가 어린 시절에 어떤 장애로 고통받았다는 것을 깨닫게 되었다고 했다.

하지만 이 통계 수치가 결정적인 것은 아니다. 렌취니크 박사는 거의 모든 위대한 정치가가 고아였음을 발견한 반면, 포레(Porret) 박사는 플로베르(Flaubert), 샤토브리앙(Chateaubriand),

라마르틴(Lamartine), 베를렌(Verlaine) 등 성인이 될 때까지 부모가 모두 살아 있었던 18명의 유명 작가를 제시했다.[82] 어떻게 이런 차이가 생기는가? 이는 렌취니크가 말한 권력 의지가 정치 분야를 선택하는 데 어떤 역할을 하기 때문인 것 같다. 라마르틴은 정치가로서는 시인으로서만큼 성공하지 못했지만 정치가라는 직업에 매력을 느꼈다. 또한 의사인 동시에 정치가인 사람도 많다.

에이날 역시 왜 "창조적 인물이 음악이나 소설이나 서정적인 시로 자신의 열망을 표현하기보다 정치적 행동을 선택하는지" 궁금해한다. 부분적인 이유이긴 하지만 그들은 사교적 성격이나 '외향적' 기질로 인해 예술가나 과학자에게 필요한 '조용한 사색'보다는 정치계의 특성인 '행동으로 옮기는 것'을 더욱 선호하는 것 같다고 에이날은 덧붙인다. 물론 여기에는 권력 의지가 암시되어 있다. 어쨌든 정치가의 과감한 결단과 예술가의 끝없는 망설임은 극명하게 대비된다. 예술가에게 '행동으로 옮기는 것'은 펜과 붓과 조각용 연장을 드는 것인데, 그렇게 하기까지 얼마나 오랫동안 주저하는지는 나 자신이 잘 알고 있다.

그러므로 통계 수치를 보면, 예술가나 과학자의 경우, 정치 지도자나 종교 지도자의 경우에 비해 고아라는 것과 직업 선택이 그리 밀접하게 관련되어 있지는 않는 것 같다. 하지만 예술가와 과학자들의 창조성을 일깨우는 데 다른 종류의 상실이 기여했는지 누가 알겠는가? 그러므로 나는 앞으로 통계 수치에 대해서는 이야기하지 않겠다. 그러기엔 내가 의사로서의 자의식이 너무 강하기 때문이다. 나를 사로잡는 관심사는 일반적인 고통보다는, 나에게 속내를 털어놓는 환자가 겪는 아주 특수하고 개인적인 고통이다. 나는 보편적인 인간보다는 개인에게 더 관심이 간다. 각 개인은 내게 인간의 현실을 그 어떤 사회학적 통계보다 더욱 잘 보여 준다.

고통이 주는 것

통계학자로서 연구해 본다면 더 많은 의문이 생길 것이다. 내가 어디선가 읽은 글에 의하면, 18세기에는 결혼한 부부가 평균 20년을 함께 살았다고 한다. 이는 그들 자녀 가운데 거의 절반이 어린 시절이나 청소년기에 적어도 한쪽 부모를 잃는다는 것을 의미한다.

처음에 이 문제에 대해 내게 경각심을 갖게 한 것이 통계 수치였기 때문에 그것으로 내 글을 시작했다. 사실 그렇게 해서 제기된 것은 시련의 유익이라는 문제다. 나는 그 문제로 인해 지금의 성찰에 이르렀고, 수많은 일들이 머리를 스치고 지나간다. 나에게 비밀을 털어놓은 이들이 모두 생각난다. 나는 이들의 삶에서 질병이나 사별, 갈등이나 실패와 같이 특별히 고통스러운 시기가 진행되는 과정을 지켜보았다. 우리는 실로 이 짐을 함께 나누어 지면서 유대감을 느꼈다. 그들이 시련을 겪으면서 변화되는 모습을 지켜보았고 그 모습에 감동하여 나 자신도 변화되었던 기억이 난다. 반드시 그들이 그들 자신이나 내가 기대한 모습으로 변화된 것은 아니었다. 하지만 진정 그들 대다수는 고통과 함께 무엇인가를 얻었다고 말할 수 있을 것 같다.

어느 날 길에서 나의 옛 환자와 마주친 적이 있었다. 그 때 그는 중병에 걸려 있었기에 나는 몹시 걱정스러웠다. 분명 그는 나를 다시 만나 매우 기쁜 것 같았다. 그는 심각함을 감추려 들지 않으면서도 장난스럽게 말했다. "선생님, 저는 그 때 그 시절에 대해 아주 좋은 추억을 간직하고 있어요. 물론 힘들었죠. 하지만 되돌아보면 제 삶에서 가장 윤택한 시기 중의 하나였던 것 같아요. 건강했던 20년 기간보다 아팠던 지난 몇 달 사이 저는 더 많은 것을 배웠답니다."

이런 예를 더 찾아보는 것은 어렵지 않다. 나는 "인간의 땅"(Terre des Hommes)의 설립자인 에드몬트 카이저(Edmond Kaiser)의 자서전을 펼쳐 든다.[7] 그는 첫 페이지에서 어린 시절인 1914년에 자신의 아버지가 전사(戰死)한 일을 기록하고 있다. 그러고는 자기 아들의 갑작스런 죽음과 자신이 느끼는 감정에 대해 이야기한다. 그는 여전히 예리한 고통을 느끼며 그 불운을 사전에 막지 못했다는 죄책감으로 여전히 극심한 고통을 겪고 있다고 했다. 하지만 분명한 것은, 그 고통으로 인해 그가 이 기관을 설립하여 수천 명의 아이들을 죽음에서 구했다는 것이다.

나는 안와르 엘 사다트(Anwar el-Sādāt: 1978년 노벨 평화상을 수상한 이집트 대통령)가 자신의 삶을 기록한 책을 읽었다.[95] 가장 인상 깊었던 부분은 그가 조국의 독립을 위해 영국과 싸우던 시절 감옥에서 보낸 나날들에 대한 이야기다. 그는 자기 정체성과 행동 방침을 찾기 위해 고독 속에서 벌인 내적 투쟁을 보여주었다. 그 투쟁은 후에 그가 용기 있는 행동을 취하도록 고무하고 인도했다. 그것을 보니 플로렌스의 의사 로베르토 아사지올리(Roberto Assagioli)[1]가 생각난다. 그도 무솔리니 치하에서 1년 동안 수감 생활을 했다. 가톨릭 신자였으나 유대인이었기 때문이다. 한번은 인격 의학에 관한 우리 학회의 어느 회기 중에, 그는 그 시절을 떠올리며 그 때가 자신의 생애 가운데 최고의 해였다고 말했는데, 그 이유는 감옥에 전화가 없었기 때문이라며 우리에게 웃음을 선사했다. 하지만 그런 농담의 이면에서, 그가 미국과 유럽에서 명성을 날리게 된 이유인 정신 통합(psychosynthesis) 방법을 고안한 것이 바로 그 때라는 것을 알아차릴 수 있었다.

역사적인 예들을 찾는 것도 어렵지 않다. 창조성이라 하면 우리는 먼저 르네상스를 떠올리게 된다. 매력적인 명칭, 그리고 그와 결부되는 온갖 귀중한 산물들로 인해 우리는 르네상스를 일종의 황금기로 묘사하는 경향이 있다. 고대 걸작품의 발견에 고무된 사상가, 작가, 예술가들이 자기 작업에 평화롭게 몰두할 수 있었다고 보는 것이다. 하지만 그 시대 전문가인 콜레지 드 프랑스(Collége de France: 프랑스의 공개 강좌제 고등 교육 기관—역주)의 장 들뤼모(Jean Delumeau)는 이 시기를 역사상 가장 불길하고 무서운 위기에 처한 시대 중 하나로 묘사한다.[17] 르네상스는 터키족, 페스트, 무장한 패거리들의 약탈, 마녀 사냥, 잔인한 종교 전쟁의 위협이 있던 시기였다.

그 때까지 사회를 떠받치는 기둥 가운데 하나였던 교회는 종교 개혁으로 인한 분리로 완전히 해체될 지경이었다. 들뤼모의 말에 따르면, 가톨릭과 개신교 신자들 모두가 묵시적(apocalyptic) 종말이 임박했다고 생각했다. 공포가 전 유럽을 휩쓸었지만, 근대 사상의 기초가 세워지고 매우 생산적인 과학적 방법론이 발전하며 예술가들이 자신의 한계를 뛰어넘은 것은 바로 이런 절망스러운 분위기에서였다.

마찬가지로, 그리스 사상의 최고 전성기였던 소크라테스, 플라톤, 아리스토텔레스 시대는 아테네의 전성기가 아니었다. 오히려 그 시대는 아테네가 펠로폰네소스 전쟁에서 비참하게 패하여 운명의 종말을 고한 이후였다. 예레미야가 등장한 시기도 예루살렘을 파괴하려는 외세의 침략이 임박할 무렵이었다. 제2의 이사야서에 대한 선지자의 노래가 나온 것은 메소포타미아에서 절망적인 포로 생활을 하고 있을 때였으며, 에스겔이 마른 뼈가 다시 살아나리라고 외친 것도 그 때였다. 예수님 또한 가장 가혹한 정권기인 외세의 야만적 점령기에 태어났다. 우리는 그 시대가 어떠했는지 알며, 나는 앙드레 슈라키(André

Chouraqui)[13]가 그리스도의 십자가 처형과 관련하여 로마인의 책임에 대해 쓴 내용, 즉 그 시대에는 누구도 감히 비난할 수 없었던 책임에 대해서도 이해한다.

스위스 사람들은 조국이 '전능하신 하나님의 이름으로' 세워지고 독립 전쟁을 치른 자랑스러운 시기를 기념한다. 그들은 독립을 얻고 강대국의 갈등으로 분열된 대륙 한가운데서 국가를 지키기 위해 어떠한 고통과 희생을 치러야 했는지 잘 알고 있다. 나는 윌리엄 텔이 실제로 존재했다면 고아였을 것이라고 상상하곤 한다. 다른 모든 나라에서도 마찬가지일 것이다. 국경일과 기념일은 과거에 선조들이 끔찍한 시련을 물리치는 동안 보여 준 용기와 신념을 찬미하는 날이다. 히틀러의 공격으로 프랑스는 국가적 재난을 맞았고 그 상황에서 드골 장군은 1940년 6월 18일 국민적 단결을 호소했다. 이에 대해 앙드레 에이날은 "카리스마적인 지도자가 희망을 재건했다"고 표현했다.

다른 예도 많지만 좀더 평화로운 시기와 관련된 예를 하나 들어 보겠다. 구 소련이 스푸트니크 호를 처음 발사했을 때 미국은 대단한 굴욕감을 느꼈다. 그로 인해 미국의 과학적, 기술적 창조성이 비약했고 마침내 달 착륙으로 마무리되었다. 그리고 지금은 에너지 위기의 시대다. 그렇다면 기존 자원의 결핍으로 인해 열정적이고 신속하게 새로운 에너지원을 찾게 되지 않겠는가?

심리적 유보

제2차 세계대전의 주요 패전국인 독일과 일본이 어떻게 되었는지 생각해 보라. 지금은 그들의 비범한 발전에 대해 쉽게 이야기할 수 있지만, 그들이 처한 극단적인 곤경에서 강력한 창조성의 불길이 타올랐다는 것도 잘 알 것이다. 나는 에르하르트(Erhard) 박사가 단행한 화폐 개혁이 나라를 망치고 말 것이라고 모두가 말하던 시기에 황폐해진 독일에 있었다. 일본의 기적은 전적으로 히로히토 천황이 라디오 방송을 통해 항복을 선언했을 때, 그 기념비적 성명 위에서 일어났다. "우리는 지금 받아들일 수 없는 것을 받아들여야 하며, 극복할 수 없는 것을 극복해야 합니다."

그러한 지도자가 있는 국민은 운이 좋은 것이다. 나는 고베 강연에서 일본 국민을 향한 이 잊을 수 없는 호소를 언급하면서 천황에게 합당한 경의를 표했다. 나는 전에 프랑스 리용에서 비오(Biot) 박사[44]가 주관한 의학-철학 간담회에서 들은 격언을 일본 국민에게 적용했다. "인간의 가치는 그가 거둔 성공보다는 그가 어떤 방식으로 실패를 받아들이느냐에 따라 측정되어야 한다." 저명 인사 폴 클로델(Paul Claudel) 전문가로, 내 통역을 맡았던 미치오 쿠리무라 박사[62]는 감정이 상당히 격해진 모양인지 내 말을 잘못 이해했을까 염려하며 다시 한 번 이야기해 달라고 했다. 그러나 이 미묘한 문제를 건드리겠다고 결심하기

1장 창조성으로 이어지는 상실

까지 무척 망설였던 나도 그만큼 흥분되었다. 나는 제네바를 떠나기 전부터 그 문제를 예견했었다. 일본! 그 이름을 들으면 내 머릿속에 즉각적으로 악랄한 태평양 전쟁이 떠올랐다. 비열한 진주만 공격으로 시작하여 끔찍한 원자 폭탄과 자신만만한 민족의 치욕스러운 패배로 끝난 전쟁. 하지만 그런 말을 공식석상에서 할 수 있을까? 그것도 전쟁의 경험을 모면하는 특권을 누린 스위스 출신인 내가 말이다. 속내를 좀처럼 표현하지 않는 것으로 유명한 일본식 태도를 거스르는 것은 아닐까? 내가 재빨리 통역관에게 그 점에 대해 이야기하자 그는 무어라 말해야 할지 난처해했다. 그리하여 일본이라는 이름이 내 마음속에 불러일으키는 그 감정에 대해 아무 말도 하지 못한 채 열흘 간의 강연 일정이 지나갔다.

고베 친구들은 나를 위해 감동적인 환영식을 마련해 주었는데, 그것은 화려하면서도 친근했다. 연설과 환대가 이어졌다. 내가 쓴 어느 책 제목은 크고 멋진 일본 글자로 먹물로 적혀 있었는데 무슨 의식(儀式)처럼 엄숙하게 느껴졌다. 나는 어색했지만 형식적으로나마 감사를 표하는 연설을 했다. 그 날 밤 나는 내 내면의 갈등을 고스란히 반영하는 꿈을 꾸었다.

나는 의사와 환자 사이뿐 아니라 모든 사회적 접촉에서, 현대 문명에서는 찾아보기 힘든 인격적 관계에 대해 이야기하기 위해 일본에 온 것이 아닌가? 그것을 방해하는 것은 무엇인가? 그것은 바로 심리적 유보, 즉 속셈을 감추는 우리 태도일 것이다. 공식적 또는 학문적 연설이 알맹이 없는 수다처럼 대체로 무미건조한 까닭은 무엇인가? 그것은 우리가 개인적인 감정을 표현하지 않으려고 조심하면서 객관성으로, 보편적인 생각으로 피해 버리기 때문일 것이다. 예를 들어, 죽어 가는 사람과 그의 지인(知人)들 사이에 침묵의 벽이 세워지는 것도 그런 이유 때문이 아닌가?[61] 여기 고베에서도 사람들이 나를 무척 따뜻하게, 매우 인격적인 방식으로 환대해 주었지만, 나는 내 감정을 솔직하게 표현할 수 없었다.

다행히 우리는 이튿날, 옛 수도였던 나라 시를 방문하여 거대한 불상을 관람하게 되었다. 그것은 상당히 인상적이었다. 관람 중에 나는, 중세 프랑스 전문가이면서 내 통역을 맡은 료코이토 양에게 나의 문제를 이야기할 기회를 갖게 되었다. 전쟁기의 일본이라는 주제를 생각하면 늘 따라다니는 내 감정을 이야기할지 말지를 진지하게 결정해야 했기 때문이다. 그래서 나는 길가의 작은 담 위에 앉아 그녀에게 이 문제에 대해 잠시 조용히 생각해 보자고 제안했다. 잠시 뒤 그녀가 말했다. "전쟁, 패배, 모두가 생각하는 문제이지요. 하지만 아무도 그것에 대해 언급하지 않습니다. 선생님이 우리나라에 갖고 계신 애정을 모두 발휘해서 그 일을 잘만 해 내신다면, 제 생각에는 선생님 말씀이 위로가 될 것 같아요." 그래서 나는 그 날 저녁 고베로 돌아가 그 일을 했다.

"모두들 이 문제에 대해 생각합니다. 그러나 어느 누구도 언급하지는 않습니다." 이것이 오늘날 우리 사회에서 수많은 사람들이 그토록 외로워하는 이유 아닌가? 우리는 질병, 노화, 죽음, 표현되지 않은 모든 상실, 인생의 갖가지 시련에 부딪힐 때 우리 자신의 깊은 관심사 앞에 홀로 서게 된다. 우리는 여기에 어떤 의미가 들어 있는지, 아니면 이런 불행이 일련의 운명적인 사건일 뿐인지 묻게 된다. 또한 가장 엄청난 불행과 가장 귀한 축복 사이의 관계, 그 낯설고 혼란스럽고 부당한 연관성에 대해 곰곰이 생각할 때도 우리는 역시 혼자다. 그렇다. 우리 모두는 다소 불편한 감정을 느끼면서도 이 둘 사이에 연관성이 있다는 것을 직관적으로 알고 있다. 이러할 때 적어도 어떤 인생 경험을 얻게 된다. 하지만 그에 대해 이야기하기는 꺼린다. 일본에서 나를 머뭇거리게 한 것도 이와 같은 두려움의 감정이 아니겠는가?

의심할 여지도 없다. 하지만 우리가 조심스럽게 침묵하는 데는 더 깊고 심각한 이유가 있다고 생각한다. 아마도 당신은 이 부분을 읽으면서 마음이 편치 않았을 것이다. 인간의 진보가 개인적, 역사적 수난과 연관됨을 보여 주는 증거들을 모조리 제시하다가, 결과적으로 고통을 미화하고 그 미덕을 찬양하게 되는 것은 아닌가? 그렇게 된다면 나 역시 반감을 느낄 것이다. 분명 고통은 우리가 인정사정없이 싸워야 하는 악이다. 고통 가운데 있는 사람이, 우리가 고통이 그에게 유익하다고 생각하리라 의심한다면, 이 얼마나 곤혹스러운 일인가!

지금까지 내가 말한 것은 모두가 직관적으로 알고 있다. 즉 개인의 삶에서든 국민 전체에게든 인간에게 닥친 불행과 그들이 누리는 유익, 그들의 발전과 창조성이 관계가 있다는 것을 어떤 식으로든 의식한다. 하지만 이 두 가지가 인과 관계임을 시사한다면, 그로 인해 제기되는 문제가 얼마나 어렵고 복잡하고 위험하고 무시무시하기까지 할 것인지도 모두 느끼고 있다. 고통이 결국 유익을 가져온다고 생각하면 고통에 대항해 힘껏 싸우고자 하는 우리의 결의가 약해지지 않겠는가?

우리가 그렇게 자주 이 심각한 문제를 회피하는 이유가 여기에 있다고 생각한다. 우리는 이 문제에 대해 역설, 재담, 경구를 써서 암시적으로, 다소 경솔하게 이야기한다. 이런 말은 어떤 결심도 불러일으키지 않는다. 혹은 "어떤 불행은 선이다", "어떤 이에게 해가 되는 것이 어떤 이에게는 유익이 된다"는 속담에 의지하기도 한다. 이 말은 대중적, 익명적 지혜의 형식을 빌려 진리를 깨우쳐 주지만, 이 진리를 개인적이고도 깊은 확신으로 받아들이게 하지는 못한다. 최근에 나는 에큐메니컬 협회(Ecumenical Institute)에서 시리아 다마스커스 출신 작가인 엘 쿠리(El Khoury) 여사에게 이 모든 이야기를 했다. 그녀는 즉각 아랍 속담을 인용했다. "필요는 창조의 어머니다." 하지만 비극적인 사건 앞에서, 사람은 갑자기 그 문제의 심각성을 인식하게 된다. 혹은, 단순히 고통에 관한 논의에 참여하기만 해도 그렇게 된다.

2장 위장된 축복?

"고통은 그 자체로는 결코 이로운 것이 아니다.
중요한 것은 시련 앞에서 어떻게 반응하는가 하는 것이다."

나는 이 곤란한 문제가 굵은 채찍으로 나를 강타했던 날을 명확히 기억한다. 그것은 마치 차가 정면 충돌한 것같이 충격적이었다. 혹은 의사들이 '날카로운 통증'이라고 부르는 것을 느꼈다고도 할 수 있다. 이것은 의심의 여지없이 확실한 진단이 가능하며 어떤 부위에 국한된 뚜렷한 통증이다. 그것은 텔레비전 카메라에 우리 집 '그랭 드 블레'(Grain de Blé : '밀알'이라는 뜻—역주)가 잡혔을 때였다.

제작자는 내 목에 마이크를 걸고, 나더러 우리 밀밭을 따라 어슬렁어슬렁 걸어다니라고 주문했다. 그리고 말을 하면서 밀이삭을 하나 꺾어 만지작거리라고 했다. 무엇에 관해 말하라는 말인가? 바로 고통에 대해서였다. 나는 그 시점에 고아라는 주제에 대해 며칠 동안 생각하던 내용을 발설했다. "고아라는 것은? 나는 항상 그것이 내 인생의 가장 큰 불행이라고 믿어 왔습니다. 그런데 지금은 그것이 내 생의 가장 큰 행운이었다는 것을 인정해야겠습니다."

순간적으로, 아픈 사람이 이 말을 들었다면 무슨 생각을 할까 하는 의문이 들었다. 의사가 텔레비전에 나와 그런 이야기를 한다면 무슨 생각이 들겠는가? 나는 재빨리 목표를 수정했다. 나는 계속 걸어다니면서 말을 덧붙였다. "물론, 환자에게 아픈 것이 행운이라고는 절대로 말하지 않을 것입니다." 다행히 나의 반성은 좋은 결과를 가져왔다. 하지만 반박하는 소리가 내 머릿속에 울려 퍼져 나는 혼란에 빠져 들었다. 고통은 언제나 악한 것이 아닌가? 그것이 위장된 축복일 수 있는가? 악한 것이 때로는 악하고 때로는 선할 수 있는가? 속이 탔다. 대답을 알아야 했다.

고통은 행운인가?

사실 나는 에이날 박사와 대화를 마치기 며칠 전에 이러한 덫을 감지했다. 다시 이 문제로 돌아가겠지만 먼저 우리의 대화 내용이 무엇이었는지 밝혀 두어야겠다. 나는 그에게 편지를 보내 상실에 대한 그의 훌륭한 논문을 읽고 얼마나 감탄했는지 이야기했다. 그의 아내 또한 정신 분석학자인데, 친절하게도 그들은 나를 집으로 초대했다. 우리는 아름답고 해가 잘 드는 테라스에 앉아 비옥한 평원을 바라보았다. 그 위로 내가 어린 시절을 보낸 매혹적인 살레브 지방이 보였다. 그들은 내가 사는 곳 가까이에 살고 있었다.

나는 보세이의 아담한 마을을 볼 수 있었는데, 이 곳은 어렸을 때 고아가 된 루소가 잊을 수 없는 두 해를 보낸 곳이다. 거기서 그 역시 덫에 걸려들었다. 그 곳에서 그는 랑베르시에(Lambercier) 목사 집에 머물렀는데, 목사의 못된 누이는 그가 자기 빗을 부러뜨렸다고 모함했다. 루소가 자신의 결백을 항변했음에도 목사나 그의 누이는 믿으려 들지 않았다.

그 사건은 루소의 전 생애에 결정적인 영향을 미쳤다. 그는 어머니가 돌아가신 후 상실한 모성애를 이 새로운 가정에서 조금이나마 발견할 수 있기를 바랐다. 특히 그의 아버지가 모성애에 대해 자주 감동적으로 이야기해 주었기 때문에 그리움은 더욱 컸다. 하지만 그의 아버지는 제네바에서 막 추방당했고, 루소는 또다시 자신이 고아가 되었다고 느꼈다. 그리고 그가 발견한 것은 신뢰가 아닌 불의였다.

장 스타로빈스키(Jean Starobinski)[104]는 루소와 투명성의 결여에 관한 뛰어난 책에서 이 점을 분명하게 보여 주었다. 그가 말하는 투명성은 루소가 끊임없이 갈구했던 순수한 인간 관계를 의미한다. 이것은 서로에게 충실하고 솔직한 관계로, 심리적 유보나 사적인 판단 없이 속마음을 털어놓는 것인데 나는 이것을 인격적 관계라 부른다. 나는 「인간 의미의 심리학」(*Le personnage et la personne*)[109]이라는 책에서 서구 문명에 속한 우리가 진정한 친밀감이 없음으로 인해 얼마나 고통받고 있는지를 보여 주었다. 남녀를 불문하고 독자들은 내 책과 스타로빈스키 책의 유사성을 단번에 알아보았다.

루소는 이렇게 투명성이 결핍된 상황을 순순히 받아들이지 않았다. 그 때부터 그는 스스로 표현한 바와 같이 '살 곳'을 찾아 이리저리 헤맸으며, 피해 망상에 가까울 정도로 인간의 악함을 비난했다. 말쉐르브(Malesherbes)에게 쓴 편지에서 볼 수 있듯이[94] 마침내 그는 자연, 곧 '어떤 황량한 장소'에서 피난처를 찾았다. 그 곳은 '속박하고 지배하고자 하는 인간의 손길이 닿은 흔적이 전혀 없는 곳'이었다. 여기서 새삼스레 루소의 창조성을 거론할 필요는 없을 것이다. 그는 문학 작품에서뿐 아니라 세상에 미친 영향력 면에서도 위대했다. 민주주의 사상, 인간의 권리, 양심의 자유에 호소하는 사람이라면 누구나 나의 이 저명한 동포의 계승자이기 때문이다. 비록 스스로는 깨닫지 못할지라도 말이다. 그런 이들은 그가 쓴 「인간 불평등 기원론」(*Discours sur l'inégalité parmi les hommes*, 책세상 역간), 「사회계약론」(*Contrat Social*, 서울대학교출판부 역간), 「비세르 사부아이아르의 신앙 고백」(*Confession de foi d'un Vicaire Savoyard*)의 정신을 따른다고 할 수 있다.

나는 에이날 박사의 테라스에서 이 모든 것에 대해 생각하고 있었다. 아니, 생각이라기보다는 아직 명확하지 않은 어떤 정서적 예감이라 해야 할 것이다. 장 자크 루소가 고아로 살았던 장소를 응시했을 때 생긴 예감은 사고의 자유 연상을 통해 나 자신의 고아 체험을 떠올리게 했다. 그렇게 해서 이 두 정신 분석학자 곁에 있던 나는, 자기 발견을 위해 그들의 상담실을 찾는 환자들과 동일한 입장에 서게 되었다. 거기서 나는 마법과도 같은 인격적 접촉에 깊은 감동을 받았다. 아마 정신 분석학자나 문학 비평가라면 나의 저술 전체를, 모성애를 향한 오랜 모색이라고 표현할 수 있을 것이다. 사실 먼로 피스턴(Monroe Peaston)[79]과 게리 콜린스[14]도 나의 저작을 연구하면서 어느 정도는 그렇게 보았다.

선과 악 그리고 고통

그러다가 에이날 박사와 나는 우리를 묶어 준 역사적 수수께끼에 대해 이야기했다. 그는 내가 상실에 관한 그의 연구에 열광하는 데 놀랐다. 그는 자신이 한 일이란 작가와 예술가 그룹에서 잘 알려진 증거를 추려 내 보고한 것뿐이라고 했다. 모든 사람이 각자의 경험을 통해 이미 알고 있는 사실—창조성이 눈뜨는 것은 시련과 고통 가운데 있을 때라는 것—과 함께 말이다. 잠시 후 내가 떠나려고 할 무렵 그는 불쑥 이런 말을 했다. "우리가 이 모든 것에 대해 거의 말하지 않는 이유는 뭘까요?"

나는 우리가 너무 오랫동안 고통을 선한 것으로 찬미하는 실수를 범해 왔기 때문일 것이라고 대답했다. 특히 그러한 관점은 중세 때 자주 등장했다. 나 역시 텔레비전 카메라 앞에서 고아 신세가 행운을 가져다 주었다는 식으로 이야기했을 때 이 덫에 걸려들었다. 상실이 복이 될 수 있다고 한 게 아닌가! 그런데 르네상스 기에 사람들은 많은 고통을 겪었다. 우리는 그들이 힘든 시절을 살았다는 걸 알고 있다. 그들은 고통과 더 잘 싸우기 위해 자연을 연구하기 시작했다. 가치관에 일대 혁명이 일어났다. 자기 부정에 대한 예찬이 자기 주장에 대한 예찬에 밀려났다. 천국에서 있을 미래의 삶에 대한 애착이 현세의 삶에 대한 관심에 밀려났다. 죄에 대한 강박 관념이 진보를 추구하는 것으로 대체되었다. 노년 숭배가 젊음과 힘의 숭배로 바뀌었다. 세계의 불가해한 신비가 확실하고 과학적인 지식으로 대체되었다. 형이상학의 모호함이 실험 물리학의 명료함으로 대체되었다.

과학과 기술의 엄청난 발전은 모두 이러한 가치관의 전도(顚倒)에서 나온 결과물이다. 이러한 움직임은 계몽주의 시대를 거쳐 실증주의 철학으로 진행되었으며, 구스도르프(Gusdorf)가 「의사와의 대화」(*Dialogue avec le médecin*)[46]에서 보여 주었듯이 대부분의 의사는 여전히 이 철학을 따르고 있다. 또한 생산력을 향상시킨 산업화에서, 도시화에서—농부가 자기 땅을 떠나는 것은 도시의 자원을 누리기 위해서가 아닌가?—그리고 소비 사회와 경제 성장에 대한 광적인 강조에서도 이 새로운 가치관이 뚜렷하게 드러난다. 이러한 것들은 적어도 부유한 나라에 살고 있는 사람들에게는 견줄 바 없는 혜택을 가져다 주었고 나는 그것을 무시하려는 의도가 전혀 없다. 최근 몇 세기 동안 물질적 결핍에 대항하는 운동이 대대적으로 벌어져 승리를 거둔 것으로 보인다. 하지만 한편으로는 삶의 시련과 실패 앞에서, 그리고 질병과 죽음 앞에서 영적 상실감이 커져 가는 것을 목격하게 된다.

내가 여기서 언급하는 근대적 움직임은 비평의 거장들—글룩스만(Glucksmann)[39]의 표현으로는 '대(大)사상가들'—인 니체, 마르크스, 프로이트에서 막바지에 달했음을 당신도 잘 알고 있을 것이다. 이것은 또한 서구의 비(非)기독교화로, 내적 삶과 신앙심의 고갈로, 삶의 의미 상실로, 고통과 죽음 앞에서의 더욱 심한 좌절로, 리즈만(Riesman)이 말하는 군중 속의 고독[92]으로, 그리고 리쾨르(Ricoeur)가 말하는 산업 사회의 권태[89]로 귀결되었다.

번창하는 이 물질주의 세상은 건강과 부와 성공을 치켜세우며 고통과 상실의 가치를 무시했다. 반면에 종교계는 고통과 상실의 미덕을 일깨우다가 지나치게 비약하여 큰 위험에 빠질 여지가 있다. 여하튼 모든 종류의 상실에 필사적으로 대항하는 불신자 진영과, 단념을 강조하는 신자 진영이 나누인 것 같다. 슬프게도, 무턱대고 고통을 찬미한 것은 중세 사람들만이 아니었다. 경건한 가정에도 이러한 가치관이 스며들었다. 나는 많은 사람이 고통의 교육적 가치에 대한 이러한 생각을 어린 시절부터 고수하고 있는 것을 보았다. 아니면 엄하신 하나님이 인간의 유익을 위해 고통을 가한다는 생각을 하기도 한다. 심지어 무신론자들도 진보를 위해 인간이 고통당하는 것이 자연과 운명의 법칙이라며 종종 막연하게 생각한다.

물론 여기서 어떤 철학자도 풀지 못한 악의 기원에 관한 문제를 다루려고 하는 것은 아니다. 나는 사람들을 관찰하고, 삶의 힘든 기복 앞에서 그들이 보이는 반응을 관찰하여 그들을 이해시키고 돕는 의사일 뿐이다. 어릴 때는 선과 악이 뚜렷이 구별되는 것처럼 보인다. 부모와 교사들은 어린아이들에게 이 점을 인식시키고자 최선을 다한다. 전설과 동화는 용감한 사람들과 악의 화신 같은 인물을 어김없이 대치시킨다.

그러나 결국에는 이러한 환상이 깨지고, 우리는 악이 도처에 도사리고 있다는 것을 발견하게 된다. 심지어 악은 우리의 가장 고상한 행위 안에도 교묘하게 스며들어 있다. 사랑 안에 숨겨진 이기심이 얼마나 자주 학대로 바뀌어 버리는가! '선행' 속에 얼마나 큰 자만심이 들어 있을 수 있는가! 가장 이타적인 정치 사회 운동 속에 얼마나 많은 증오가 도사리고 있는가! 응접실에서 나누는 대화나 학문적 논쟁 속에 얼마나 많은 허영심이 자리 잡고 있는가! 사실 모든 인간의 행동 속에는 허영심이 담겨 있다. 어떤 사람이 뻔뻔하게 보이는 것은 단지 그가 허영심을 잘 숨기지 못하기 때문이 아닐까? 나 역시 허영심 많은 사람이라고 고백한다면 그 말 자체도 허영심에서 나온 것이 아닐까?

방금 열거한 모든 것에는 우스운 면이 있다. 내가 무척이나 좋아하는 만화를 그리는 작가들도 이런 식으로 웃음을 유발하는데, 그들은 보편적 위선을 고갈되지 않는 광산으로 삼아 유머를 캐낸다. 하지만 그 웃음은 신랄한 냉소주의와 허무주의로 바뀔 수 있다. 이러한 무의식적 죄성이 야기할 수 있는 수많은 고통에 대해 생각하면 웃음이 사라지고 만다.

예수님은 인간 정신의 무의식적 영역을 꿰뚫어 보실 수 있었다. 그분은 리쾨르가 지적하듯[90] '의인'의 죄를 준엄하게 비판하셨다. 그 죄는 겉으로는 덕의 형태를 취하지만 마음 깊은 곳에서 흘러나오는 것이다. 이 견지에서 복음과 현대 심리학이 일치한다. 우리가 자신의 생각이나 행위의 동기를 조사해 보면, 우리가 숨쉬는 공기에 들어 있는 산소와 질소처럼 최상의 것과 최악의 것이 뒤섞여 있다는 것을 즉시 알게 된다. 나는 많은 사람들이 삶의 경험이나 심리 분석을 통해 성숙해질 때 이러한 사실을 발견하고 무척 당황하는 것을 보아 왔다. 그들은 선과 악이 분명했던 순박한 어린 시절을 되돌아보며 어떤 향수를 느낀다.

어느 곳에든 선과 악이 얽혀 있는 것이 사실이다. 성경은 그 사실을 선포하고 우리 경험은 그것을 확증한다. 나는 이 점을 정말 잘 이해하고 있기 때문에 세상에 수많은 악이 있다는 사실에 더 이상 놀라지 않는다. 내 환자들이 수도 없이 고백하는 말을 들어 보아도, 또 신문을 읽어 보아도 그것을 계속해서 깨닫게 된다. 예수님은 알곡과 가라지 비유에서 이 둘이 섞여 있음을 상기시키시며 추수할 때까지는 둘을 분리하는 것이 불가능하다고 말씀하셨다. 하지만 선과 악 사이에는 그 어떤 혼동도 있을 수 없다. 알곡은 하나님이 뿌린 것이고 가라지는 '원수'의 소행이다(마 13:28). 가라지 씨에서 어떤 곡식의 이삭도 나오지 않으며, 알곡에서 어떤 가라지도 자랄 수 없다. 혼합(mixture)은 있을 수 있으나 혼동(confusion)은 있을 수 없다. 선은 선에서 나오며 악은 악을 낳는다. 악이 선의 원인이 될 수는 없다.

관계와 원인

그렇다면 상실 혹은 고통과 창조성 사이에는 어떤 관계가 있는가? 언뜻 보기에 그것은 선과 악의 관계로 여겨진다. 조심하라. 관계와 원인을 혼동해서는 안 된다. 당신은 내가 앞서 인용한 에이날 박사의 말을 기억할 것이다. "사별, 손실, 상실의 과정과 창조성 사이에 모종의 관계가 있다." 그는 그것이 인과 관계라는 말은 조심스레 삼간다. 사람이 성숙하고 발전하고 더욱 창조적으로 변했다면, 그것은 상실 자체 때문이 아니라, 시련 앞에서 적극적으로 반응했기 때문에, 올바르게 싸웠으며 도덕적으로 극복했기 때문이다. 그 사람은 시련을 짊어졌고, 설령 치유되지 않은 것이 있다고 하더라도 정신적으로 승리했다. 그렇게 되려면 다른 사람들의 도움이 있어야 한다. 내가 운이 좋았던 것은 고아였기 때문이 아니라, 내가 특별한 상실의 결과를 극복할 수 있도록 사람들이 도움의 손길을 주었기 때문이다.

당신도 나처럼 이를 잘 알 것이다. 하지만 나는 앞의 텔레비전 사건을 겪고 나서야 이러한 구분이 중요하다는 것을 깨달았다. 그것이 바로 덫이었다. 관계와 원인을 혼동하고 고통이 유익한 것이라고 찬양하는 것 말이다. 두 가지를 구분하는 것은 미묘하지만 매우 중요한 일이다. 당신은 전에 내가 길에서 만났다는 환자를 기억할 것이다. 그는 시간이 흐른 뒤 되돌아보니 병을 앓던 시기가 삶에서 가장 풍요로운 기간 중 하나였다고 말했다. 그것은 병이 성장의 원인이었다기보다는 오히려 성장의 기회였다는 것을 의미한다. 성장은 그가 시련에 개인적으로 반응하여 일구어 낸 결과였다. 그 상황에서 그는 퇴보할 수도, 수동적으로 처신하여 침체될 수도 있었을 것이다.

도덕적 견지에서 선과 악은 사물에 내재하는 것이 아니라 늘 인격 속에 존재한다. 사물과 사건은 행운에 속하든 불행에 속하든 그냥 존재하는 것일 뿐 도덕적으로 중립적이다. 중요한 것은 우리가 그것에 반응하는 방식이다. 우리가 어떤 사건을 통제할 수 있는 경우는 아주 드물다. 하지만 우리는 우리를 도와주는 사람들과 함께 우리의 반응에 책임을 진다. 내 아내가 발을 헛디뎌 개 위로 넘어지면서 다리가 부러졌을 때 했던 말이 늘 생각난다. 나는 아내에게 뼈가 부러졌으니 병원에 가야 한다고 말했다. 그러자 아내는 "아주 많은 사람들이 병원에 가야 하죠.

그러니 언젠가 내 차례가 돌아올 줄 알았어요"라고 했다. 우리 개는 죄책감에 시달렸는지 뒷다리를 아예 쓰지 않고 배를 땅에 질질 끌며 앞다리만으로 움직였다. 그런데 아내가 돌아온 바로 그 순간부터 다시 장난을 쳐 대기 시작했다.

결정론과 자유 의지

사건들은 우리에게 고통이나 기쁨을 주지만 우리의 성장은 우리가 어떻게 반응하느냐에 따라, 곧 우리의 내적 태도에 따라 결정된다. 물론 이 태도 자체도 우리가 이전에 이룬 모든 성장의 열매다. 그리고 우리 삶 자체라고 할 일련의 경험의 각 단계에서 우리가 내리는 판단에는 수많은 요인이 개입한다. 물질적, 심리적, 사회적 요인뿐 아니라 윤리적, 영적 요인도 있다. 여기서 자유 의지라는 논쟁적 주제를 철저히 규명할 의도는 없다. 하지만 우리가 사건에 반응하는 방식에 대해 이야기할 때 거기에는 이미 그 부분이 포함되어 있다. 이러한 시점에 우리는 자유로운가, 그렇지 않은가? 그것이 문제다.

이미 페르디낭 공세(Ferdinand Gonseth: 스위스의 수학자—역주)가 결정론과 자유 의지에 관한 그의 책에서,[40] 명백히 모순된 이 두 명제 중 하나를 제거하는 것은 솔직히 말해 불가능하다는 것을 증명했다. 그리고 인간을 진정으로 이해하기 위해서는 아무리 어렵더라도 두 명제의 종합을 찾아내야 한다는 것을 보여 주었다. 그는, 인과 관계라는 엄격한 결정론밖에 보지 못하는 과학자에 맞서, 자신의 선택과 확신, 행동에 대한 책임을 인식하는 '개인주의자'(individualist)를 내세운다. 그는 자신의 사고 체계에 안주하는 과학자를 참으로 난처하게 하는 존재다. 하지만 과학자들은 그의 주장을 반박하거나 그를 침묵시킬 수 없다.

자크 사라노(Jacques Sarano) 박사는 그의 저서 「이중 인간」(*L'homme double*)에서 이 논의를 제기한다.[96] 그에 따르면, 우리 안에는 두 명의 모순된 인간이 살고 있다. 바로 비판적 인간과 윤리적 인간이다. 비판적 인간은 객관성에 집착하는 사람으로, 현상의 연쇄성, 원인과 결과라는 냉혹한 연쇄 사슬만을 인정한다. 오늘날로 치자면, 역시 냉혹할 따름인 유전자 프로그래밍이라는 새로운 개념의 목적론(finalism)만을 인정한다는 것이다. 한편 윤리적 인간은 자신을 책임 있는 주체로 판단한다. 세라노는 "철학적 합리성이라는 명분으로 비판적 인간을 위해 윤리적 인간을 제거하는" 베르제(A. Vergés)[112]를 인용한다. 분명 이것은 앞에서 말한 모순에서 쉽게 벗어나는 방법이다. 세라노는 이렇게 묻는다. "하지만 자유 의지를 반박하고 폐기 처분하여 손을 털고 난 후 잊어버리면 그만인가?…인간에 대한 수수께끼와 인간의 근본적 모순에 대해 집요하게 묻는 것이 철학적 성찰이며 인간적인 사고가 아닌가? 어찌하여 윤리적 주장이 비판적 증거보다 덜 '철학적'이란 말인가?"

물론 자동 현상(automatism)이라는 것이 있다. 당신이 파블로프 학파에 속한다면, 그의 개 실험으로 증명된 조건 반사가 어떤 역할을 하는지 알 것이다. 거기까진 참이다. 그러나 이야기는 여기서 끝나지 않는다. 우리는 개와 달리 스스로 삶의 의미를 묻는 인간이기 때문이다. 당신이 정신 분석학자라면, 반복적 행동을 결정짓는 무의식적 충동의 역할을 알 것이다. 그것은 참이지만, 이 역시 이야기의 전부는 아니다. 우리에게는 의식적 삶, 즉 확신과 가치관도 있기 때문이다. 여기서 샤를 오디에(Charles Odier)가 「도덕적 삶의 두 근원, 의식과 무의식」(*Deux sources, conscience et inconsciente, de la vie morale*)[78]에서 한 말을 인용해야겠다. 조건 반사나 무의식적 충동의 기능에 불과한 가치관이 있는 한편, 우리가 자유롭게, 자발적으로 준수하는 진정한 가치관도 있다.

이 모든 요인 사이에는 끊임없는 간섭과 상호 작용이 있다. 그런데 여기서 주목할 만한 것은, 과학의 영향을 받기 쉬운 자동적 메커니즘(automatic mechanisms)에 대한 연구가 기여하는 바다. 이 연구는 우리로 하여금 각 가치의 비중을 계속해서 수정해 가도록 도움으로써 진정한 가치들을 더 잘 분별하고 행동으로 그에 반응하도록 한다. 그러므로 좋은 사건이나 불행한 사건, 특히 비극적인 사건이나 상실 자체가 우리가 성장하는 원인은 아니다. 그것은 우리가 반응하는 방식을 통해 우리의 근본 태도를 드러내는 기회다. 내 관점으로는 공세가 개인주의자라고 부르는 것은 세라노가 '자아의 긍정'(affirmation of the self)이라 부르는 것과 같다. 과학은 그 정의상, 객체 혹은 대상만을 인정한다. 그것은 주체를 괄호 속에 묶어 버린다. 그 괄호는 아무리 길어도 마지막에 가서는 닫힌다. 그런 다음에 '자아', 즉 사건에 개인적으로 반응하는 방식으로 돌아간다.

옛 라틴어 격언을 보면 여기서 잘못된 점을 알 수 있다. "이 이후에, 그러므로 이 때문에"(*Post hoc, ergo propter hoc*). 고통과 창조성에는 관계가 있다. 그 관계는 인과 관계가 아니라 연속의 관계다. 좋은 날씨가 언제나 나쁜 날씨 뒤에 찾아온다고 해서 나쁜 날씨가 좋은 날씨의 원인이라고 할 수는 없다. 더욱이 창조적 위인들의 과거사에서 대부분 큰 시련이 발견되었다고 해서, 역으로 모든 시련 뒤에 창조적 회복이 이어진다고 말하기는 어렵다.

타인의 도움

렌취니크가 열거했듯 수백 명의 고아가 역사에 이름을 남겼는가 하면, 어린 시절의 좌절로 평생 힘들게 살아가는 사람도 수백만 명이나 된다. 이러한 사실이 뇌리에서 사라지지 않아 렌취니크는 자신의 글에 고아의 성공은 '필요한 지적, 기질적 소양을 갖춘 정도'에 달려 있다고 썼다. 그가 열거한 유명 인사들이 비범한 유전자를 가지고 태어났을지도 모른다. 하지만 나는 절대 다수의 고아와 시련을 당한 이들의 반응은, 유전적 성향보다는 다른 사람들에게서 받는 도움에 훨씬 더 많이 좌우된다고 생각한다.

사실 나는 지금까지의 직업 경력을 통해, 사람이 심각한 정신적 충격(trauma)의 결과를 외부의 도움 없이 스스로 극복하기가 얼마나 어려운지 알 수 있었다. 직업 경력이라고 말했지만, 이것은 내 개인적 경험이라고도 할 수 있을 것이다. 아주 솔직히 말해, 내가 비범한 무의식적 권력 의지를 타고 났다고는 생각하지 않는다. 비록 내 동료의 글을 읽으면서 그럴 수도 있겠다는 것을 인정하려고 했지만 말이다. 반대로 내게 도움을 베풀어 준 모든 이에게 얼마나 큰 은혜를 입고 있는지 헤아릴 수 없다. 무엇보다 외삼촌과 외숙모에게 큰 신세를 졌다. 그분들은 나를 집으로 데려가 따뜻하게 대해 주셨고, 물질적 안정과 교양 교육, 신앙적 가르침을 베풀고, 충직함, 그리고 섬김의 이상을 보여 주셨으며, 내가 택한 의학 공부 비용까지 대 주셨다.

또 나를 자신의 집에 초대했던 그리스어 선생님은 학생으로서뿐 아니라 한 인격체로서 내게 관심을 보여 주셨다. 그리하여 나는 인격체가 되었고, 지적 주장과 사회적 행동을 전개할 수 있었다. 그 다음으로 나는 아름다운 우정의 빚을 졌고, 적십자사 봉사와 교회 봉사에서, 일반의로 첫발을 내디뎠던 몇 년 간의 경험에서 혜택을 입었다. 마지막으로, 나는 서른네 살 때 옥스퍼드 그룹에서 인생의 큰 전환점을 맞았다. 이 운동이 강조하는 것은 인격적 접촉, 자신의 문제와 감정에 대한 개인들 간의 완전한 개방, 하나님의 말씀을 듣는 것 그리고 개인과 가정과 직업 생활에서 우리를 향한 그분의 뜻에 구체적으로 순종하는 것이다. 이 운동으로 인해 내 아들들, 친구들, 환자들과의 관계가 바뀌었으며, 그들 중 많은 사람들, 특히 내 아내 넬리(Nelly)와 친밀한 우정을 가꿔 나갈 수 있게 되었다. 아내는 하나님을 찾는 여정에서 나의 동반자였으며 절친한 벗이자 내 고백을 들어 주는 사람이었다.

이 모든 것에서 나는 하나님의 은혜를 입었다. 그분은 그분의 사랑을 전하는 도구로 많은 사람들을 쓰시어 나에게 도움의 손길을 베푸셨다. 오래 전에 프랑스 스트라스부르에서 강연을 한 적이 있는데, 그 곳의 여집사회에서 나를 식사에 초대했다. 내가 도착하자, 회장은 모임을 시작할 때 한 사람이 나와 성경 구절을 읽고 짧은 메시지를 전하는 것이 관례라고 말했다. 그리고 내게 그 일을 부탁했다. 행사 달력이 그 날의 성경 구절을 가리키고 있었다. "내가 너희를 고아와 같이 버려두지 아니하고"(요 14:18상). 이 얼마나 적절한 구절인가! 나는 다음과 같이 아주 간단하게 말할 수 있었다. "이 말씀이 저에게 이루어졌습니다." 나는 아버지와 어머니를 잃었지만 하나님은 내게 많은 사람들을 보내 주셨고, 그럼에도 그들 중 어느 누구도 내 부모님의 자리를 빼앗지 않았다. 더불어 내게 많은 형제 자매와 영적 자녀들까지 허락하셨다.

지금 나는 이 모든 것을 대충 윤곽만 이야기하고 있지만, 당신이 구체적인 내용을 듣는다면 더욱 생생할 것이다. 사촌 누나는 나를 집으로 초대해 다정하게 대해 주었다. 내 아버지의 옛 친구분은 나를 불러 아버지에 대해 말씀해 주시곤 했다. 나는 가끔 멋진 항구 풍경이 보이는 구 시가의 레베셰 거리에서 그분을 만났다. 그분은 역사학자로 매일 밤부터 새벽 4시까지 연구하신다고 했다. 일찍 자는 것을 싫어하는 나로서는 귀가 솔깃해지는 얘기였다. 그분은 내게 아주 커다란 색인 카드함을 보여 주셨는데, 그 계기로 나도 일생 동안 그분처럼 하게 된 것 같다. 나는 하나님이 경건하고 신실한 조상의 후손들을 복 주신다는 성경 약속이 생생한 진리임을 느낀다. 그리고 부모님의 기도와 그분들을 사랑했던 사람들의 기도가 얼마나 나를 단단하게 지탱해 주었는지도 느낀다. 내가 다섯 살 때 어머니가 돌아가셨다는 사실을 상기해 보라. 비록 어머니의 부드러운 손길에 대한 기억은 모두 사라지고 내 무의식 속에 억압되어 있지만, 그것이 가장 필요한 생후 몇 년 동안은 분명 그것을 상실하지 않았다.

그렇다. 나는 여기서 내가 누린 특권, 내가 상실하지 않은 모든 것을 기록하고 있다. 당신은 웃고 있을지도 모른다. 상실에 대한 책에서 이런 식으로 말하니 웃을 만도 하다. 하지만 인생의 특권과 상실은 모순적이 아니라 상보적이다. 분명, 모든 삶에 특권과 상실이 섞여 있기에 둘을 분리시켜 이야기하기는 어렵다. 둘의 비중을 재는 것 역시 어렵다. 비참한 떠돌이 신세라

할지라도, 많은 부잣집 아이들이 전혀 맛보지 못한 모성애를 경험한 사람들도 있지 않을까? 그들이 건강하고 원만하게 성장한다면, 그것은 고아라는 사실뿐만 아니라 그들이 모성적인 부드러움을 경험함으로써 얻은 정신적 건강 덕이 아닐까? 고아들에 대한 통계 수치를 작성하는 것은 가능하지만 정서적 좌절에 대해서는 그럴 수 없다.

이미 말했듯이 모든 삶에는 특권과 상실이 섞여 있다. 각각의 비율은 일정치 않으며 양을 재는 것도 불가능하다. 사랑의 도움이 없는 상실은 파국으로 끝나고 만다. 하지만 상실을 별로 겪지 않은 특권은 퇴보를 의미한다. 결실을 맺는 것은 사실 이 둘의 혼합이다. 가장 좋은 기후를 가진 지역이란 좋은 날씨와 나쁜 날씨가 번갈아 나타나는 곳인 것과 마찬가지다. 앙드레 미세나르(André Missenard)는 문명의 발전에 가장 유리한 지역은 여름의 열기와 겨울의 냉기가 극대치를 이루는 지역임을 보여주었다.[70] 인간 정신에서 상실이 열매를 맺게 하는 결정적 요인은 사랑이다. 그렇게 되면 상실의 부호가 마이너스에서 플러스로 바뀌는 것이라고 말할 수 있을 것이다. 사랑이 없다면 상실은 마이너스 계수를 갖는다. 사랑은 상실에 플러스 계수를 부여한다.

그것이 바로 내게 일어난 일이다. 내 운명을 바꾸고 고아라는 불리한 조건에서 해방시켜 준 것은 나를 입양한 가정과 그리스어 선생님, 그리고 내 아내와 다른 많은 사람들, 무엇보다 옥스퍼드 그룹 친구들의 진정하고 인격적인 사랑이었다. 나는 14년 간 이 그룹의 운동에 참여하면서 참된 사랑의 학교를 다닌 것 같다. 나는 이 운동이 설립자 프랭크 부크먼(Frank Buchman) 박사의 지도 아래 본래의 성격을 바꾸어 도덕 재무장(Moral Rearmament) 운동이 되자 그 곳을 떠났다. 그 때부터 이 운동은 다른 이데올로기들에 맞서는 기독교 이데올로기로 인식되었다. 그것은 내 관심 영역이 아니다. 나는 개인과 그의 고유한 문제들에 관심이 있었기 때문이다.

하지만 옥스퍼드 그룹 시절, 그 곳은 내 문제에 실로 관심을 가져 주었다. 거기서 나는 친구들에게 마음을 열고 내 인생과 감정과 두려움, 내가 부끄러워했던 것들과 갈망했던 것들을 털어놓았다. 당시에는 몰랐지만 이 모두가 실제적인 심리치료나 마찬가지였다. 하나님의 은혜, 묵상 중에 경험하는 그분의 임재, 형제애와 같은 신앙적 체험뿐 아니라 거기에는 정신 분석의 특징을 띠는 것이 모두 들어 있었다. 카타르시스, 정서적 해방감, 자각과 전이 등이 그것이다. 그러자 그 다음에는 상당수의 사람들이 내게 와서 그들의 마음을 열어 보였다. 나는 정신 분석학자와 비슷한 그 무언가가 되어 가고 있었다.

전문적인 정신 분석학자가 될 수도 있었다. 나는 스스로 정신 의학의 길을 가기 원하는지 진지하게 자문했고, 몇몇 동료들도 그렇게 물었다. 이 분야의 전문 연구 과정을 2년 간 밟고 변증법적 분석을 하기만 하면 되는 일이었다. 여기에 뛰어들어야 하나? 나는 두 친구에게 조언을 구했다. 먼저 알퐁스 매데(Alphonse Maeder) 박사에게 물어 보았다. 그는 칼 융(Carl Jung)과 함께 비엔나에서 프로이트와 중대한 만남을 가진 인연으로 초창기 정신 분석학자가 되었다. 몇 년 후에는 테오 보베(Théo Bovet) 박사에게 조언을 구했다. 그는 프로이트와 융의 분석을 모두 적용한 학자였다.

그들은 내 질문에 부정적으로 대답했다. 그리고 둘이 짠 것도 아닌데 똑같은 말을 했다. "뛰어난 정신 분석학자는 지금도 부족하지 않아. 아주 많지. 하지만 폴 투르니에는 한 사람뿐인 걸." 그들은 분명 내가 개인적인 소명을 따라 심리학과 고전 의학, 심지어 신앙까지, 이 모든 것의 종합을 시도해야 한다고 생각했다. 전문가에게는 스승으로부터 전수받은 이론에 의거해 모든 것을 해석하려는 위험이 있다. 그런데 종합을 이루어 내기 위해서는 모든 교조적 편견에서 벗어나야 한다. 그래서 나는 정신 분석학자가 되지 않고 인격 의학을 선택했다. 그것은 인간을 하나의 전체로 이해하려는, 탁월하면서도 지극히 비전문적인 태도다. 다시 말해 그것은, 심리학자가 간과할 위험이 있는 몸의 중요성, 유기론주의자(organicist)가 잊어버릴 위험이 있는 정신의 중요성, 과학에만 매달리는 의사가 지나쳐 버릴 수 있는 신앙의 중요성을 이해하고자 하는 입장이다.

따라서 나는 지난 40년 동안 책을 쓰면서, 우리 문명의 분석적 정신이 다양한 학문 분야 사이에 세심하게 세워 놓은 장벽들을 마음대로 넘나들었다. 그 분야는 신체 의학, 유전학, 심리학 뿐 아니라 사회학, 교육학, 경제학, 역사학, 문학, 신학, 철학에 이른다. 물론 나는 이 개별 학문들에 정통하지 못하다. 전문가들은 영원한 이단자인 나의 실수를 쉽게 꼬집어 낼 수 있을 것이다.

하지만 저명한 전문가가 넘쳐나고 서로 소통하는 것을 어려워하는 것은 우리 문명의 불행이 아닌가? 나는 내가 불러 모은 의사들에게서 이러한 현상을 목격한다. 어느 정신 분석학자의 훌륭한 강연을 듣고 나온 나는 한 외과 의사를 만나 "정말 멋진 강연이죠?"라고 말했다. 그러자 그는 "한마디도 못 알아듣겠어요"라고 대답했다.

다른 영역들도 마찬가지 형편이다. 나는 지금 모리스 게르니에(Maurice Guernier)가 그 유명한 로마 클럽에 제출한 보고서를 읽고 있다.[45] 그는 제3세계 문제―우리 시대의 경제 문제를 해결하는 확실한 열쇠―가 수많은 회의에서 다루어질지라도, 이것이 국민총생산(GNP)을 발전의 유일한 측정 수단으로 간주하고 그것에 집착하는 경제학자들 사이에서만 논의되는 한 절대로 해결될 수 없다고 지적한다. 그는 "제3세계 정책 전반에 가장 뚜렷하게 나타나는 현상은 창조성의 부재, 즉 창조적 상상력의 부재다. 모든 것이 구(舊) 세계로부터 모방된다. 독창적인 것, 베끼지 않은 것, 참신한 것은 전혀 없다"고 쓰고 있다. 우리는 여기서 창조성이라는 문제로 다시 돌아가게 된다. 현재의 위기를 기회 삼아 창조성을 깨울 수 있을까?

시련 앞의 인간

그렇다. 의사인 내가 환자를 진료하면서 깊이 감동받은 그것을 우리는 세계적 차원에서 동일하게 발견하게 된다. 우리가 분명히 살펴보았듯이, 고통은 그 자체로는 결코 이로운 것이 아니며, 늘 싸워야 하는 대상이다. 중요한 것은 사람이 시련 앞에서 어떻게 반응하는가 하는 것이다. 그것은 인격적 존재의 문제, 곧 인생과 그 변화에 대한 개인적 태도의 문제다. 아프거나 심한 시련을 당한 사람이 내게 속사정을 털어놓았다고 하자. 그는 이 가혹한 재난 앞에서 어떻게 할 것인가? 개인적으로 어떻게 반응할 것인가? 긍정적, 적극적, 창조적으로 반응하여 인격을 성장시킬 것인가 아니면 부정적으로 반응하여 발전을 저해할 것인가? 앞서 고아 사례에서 살펴보았다시피, 어떤 반응은 역사 가운데 중요한 역할을 수행하는 것으로 귀결될 것이고, 어떤 반응은 실패한 삶으로 끝날 것이다. 한편 적절한 시기에 적절히 주어진 도움은 한 사람의 인생 행로 전체를 좌우할 수 있다.

그것은 체스 게임과 같아서 한 번 수를 잘못 둔 것이 판 전체를 위태롭게 할 수 있다. '눈덩이 효과'(snowball effect)는 더 적절한 비유일 것이다. 용감하게 행동하면 새로운 힘과 희망이 솟아나고 다음번에 더 쉽게 승리하게 된다. 반면에 좌절하게 되면, 한 번 좌절할 때마다 계속 더 움츠러들게 된다. 그것은 분수령(分水嶺)과 같다. 우리는 분수령이 산봉우리에 있다고 생각하지만 평원에 있을 수도 있다. 스위스 평원에는 '세상의 한가운데'(Middle of the World)라는 재미있는 이름을 가진 곳이 있다. 그 곳에 비 두 방울이 나란히 떨어지면 한 방울은 라인 강을 거쳐 북해로, 다른 한 방울은 론 강을 거쳐 지중해로 흘러간다고 한다.

내 환자들은 종종 터널 비유를 든다. 터널은 앞으로 가든지 뒤로 가든지 해야 빠져나올 수 있다. 에이날 박사는 시련에 처한 어느 예술가에 대해 쓰면서 "시련을 창조적으로 변화시키든지 아니면 그냥 무너져 버리든지 해야 한다"고 말한다.[47] 그러고 보니 괴테와, 그가 극심한 사랑의 고통을 겪으며 썼던 걸작이 생각난다.

물론 삶의 매순간이 도전이지만, 갑자기 도전이 거세지고 급박해지는 시기, 즉 인생에서 가장 커다란 시련의 순간이 있다. 수년 간 나는 네덜란드 동료 더 몰 반 오털루(De Moll van Otterloo) 박사가 스트라스부르에서 조직한 인류학 연구 그룹에서 활동했다. 폴 리쾨르와 나는 특별히 '한계 상황에 빠진 인간'에 대해 함께 책을 써 달라는 부탁을 받았다. 하지만 리쾨르가 다른 과제를 수행하기 위해 소르본느 대학교로 떠나는 바람에 우리 계획은 무산되고 말았다.

하지만 지금 나는 큰 시련기에 직면한 인간의 반응이 갖는 결정적인 중요성을 다시 떠올리게 된다. 이러한 반응은 결코 그를 이전 모습으로 돌려놓지 않을 것이다. 이 때 그가 용기를 선택하도록 돕는 사람들이 중요한 역할을 할 것이다. 강력한 의술 시스템은 오히려 그를 수동적 대상(object)으로 만들어, 그가 치료 과정에서 아무런 역할도 하지 않게 하는 경향이 있다. 그는 의술로 병이 낫기만을 기다리며, 병이 다 나아야 다시 스스로에게 책임을 지는 존재로 돌아갈 수 있다고 생각한다. 한편 의사는, 치료 행위를 하고 환자에게 자신감을 준다면 자기 임무를 완수한 것이라고 너무 쉽게 믿어 버린다.

3장 승리인가, 패배인가?

"치료의 기회가 더 이상 남아 있지 않다 해도
성장할 기회, 인생의 성공을 거둘 기회는 남아 있다."

환자 앞에는 늘 두 가지 가능성이 기다리고 있다. 회복될 것인가, 아닌가? 시련 속에서 성장할 것인가, 아닌가? 환자에게 두 가지 가능성이 있다면, 의사에게는 두 가지 임무가 있다. 의사는 치료 행위를 하며, 또한 파스칼의 표현에 따르면 그는 환자가 자신의 병을 선용하도록 도와야 한다. 의사라는 직업에 인도주의적 의미가 부여되는 이유는 바로 우리가 '한계 상황'에 빠진 사람들을 늘 만나고 있기 때문이다. 한계 상황이라 함은 병이나 다른 불행이 갑자기 그들의 일상에 침범하여 자신의 운명과 대면하게 되는 긴급한 순간이다.

그들은 의식적으로든 아니든 우리가 생각하는 것보다 훨씬 더 자주 이런 상황을 생각한다. 그들은 바보가 아니다. 평범하고 가벼운 병일지라도―사실 그들이 병에 대해 언급할 수 있는 것은 그것이 가벼운 병이기 때문이다―진료 상담을 마치고 떠나면서 반은 농담조로 이렇게 묻는다. "저, 의사 선생님, 심각한가요?" 이것은 "내가 죽을 가능성이 있나요? 내가 죽는다면 내 삶의 의미는 어떻게 되지요?"라는 의미다.

그렇다. 완벽하게 다듬어지고 독재적인 우리 문명 속에서 사람들은 활발한 일상이 그들을 본질적인 것으로부터 얼마나 단절시키고 있는지 실감하지 못한다. 그들이 겨우 잊을 수 있었던 실존적 문제들에 냉혹하게 직면하는 순간이 찾아와야 비로소 성숙을 위해 꿈틀거리기 시작한다. 이 때 과학적 데이터, 연구소 실험, 엑스레이 사진 등이 쉽게 거론되는데, 실제로 그것은 침묵을 위한 일종의 공모다. 그런 순간에 장황한 철학적 논의를 하자고 제안하는 것은 물론 아니다. 환자로 하여금 이 기술적 자료들만이 중요한 문제가 아니라는 것을 느끼게 하는 데는 단순한 몸짓, 눈길 한 번, 말 한마디로 충분하다.

의사의 이중적 임무

따라서 의사는 이중적 임무를 맡는다. 하나는 긴급하고 즉각적인 것, 즉 과학적, 기술적 임무다. 다른 하나는 환자가 병으로부터 인격적 성장에 이로운 것을 얻어 내도록 돕는 일이다. 그것은 시간이 많이 걸리는 일이며, 환자는 더딘 성장을 참을 줄 알아야 한다. 나는 이 두 임무를 구분했지만, 그 둘을 상호 배타적인 것으로 설정하거나 둘 다 똑같이 중요하다고 생각하는 것은 아니다. 둘 사이에는 근본적인 차이가 있다. 의사는 자신의 과학적 임무를 완수하는 일에 홀로 책임을 진다. 긴 학업 과정을 통해 그럴 만한 자격을 갖추었기 때문이다. 반면에 환자가 인격적으로 발전하도록 돕는 것은 어느 누구라도 할 수 있다.

당신은 내게 구원의 손길을 베푼 사람들의 이야기를 듣고 이 진리를 깨달았을 것이다. 하지만 그들 가운데 의사는 거의 없었다. 어린 시절 나를 진료한 슈네비에르(Chenevière) 선생님은 예외지만 말이다. 분명히 기억하기로, 내가 어느 누구에게도 중요한 존재가 아니라고 느꼈던 시절에 그분은 내게 특별한 감정을 심어 주셨다. 단지, 어린 나의 눈으로는 큰 명성을 누리고 있던 그분이 나를 인격적으로 돌보아 주었다는 이유 때문이었다. 이것이 내가 의사라는 직업을 택한 이유 가운데 하나였던 것은 의심할 여지가 없다. 나는 의사가 실존적 임무를 띠고 있음을 말하고자 하는 것이다. 환자의 인생 가운데 결정적인 시점에서, 의사는 환자와 특별하고도 친밀한 관계를 맺고, 신뢰를 얻으며, 환자를 이해하고 도울 수 있는 면에서 누구보다도 유리한 위치에 있기 때문이다. 또한 환자가 적극적으로 반응하여 성장하는 것이 치료에 영향을 주는데, 의사와 맺는 관계의 성격이 이러한 성장을 크게 좌우하기 때문이다.

그럼에도 의사의 과학적 임무는 여전히 중요하다. 의사의 도덕적, 인간적 영향력은 결코 전문성의 부족에 대한 변명이 되지 않는다. 영적 치유에 관한 유명한 저서들을 남긴 베르나르 마르탱(Bernard Martin) 목사는 이렇게 말한다. "매우 인간적이지만 실력 없는 의사와, 냉정하지만 유능한 의사 중에서 하나를 선택할 수 있다면 나는 후자를 택할 것이다."[66] 아파 본 사람이라면 모두 그의 말에 동의할 것이다. 그들에게는 낫고자 하는 욕구만 있을 뿐이다. 그리고 인격 의학의 길을 걷기 위해 어떤 준비를 해야 하는지 내게 조언을 구하러 오는 학생들에게 내가 늘 들려주는 말도 바로 그것이다. "우선 자네가 다니는 의과 대학에서 최선을 다해 공부하게."

하지만 환자가 병이 낫는 것에만 관심이 있고 성장에는 아무런 생각이 없다 해도, 부지불식간에 좋은 쪽으로든 나쁜 쪽으로든 변화가 일어날 것이다. 그는 나중에야 그 변화를 알아차릴 것이다. 그리고 그 변화는, 우리가 지금까지 보아 왔듯이 바로 질병을 계기로 일어난다.

사별, 신체 장애, 결혼 생활의 갈등과 같은 다른 상실의 상황에서도 마찬가지다. 또한 앙드레 모루아(André Maurois)가 썼듯이 사랑하는 사람의 고통은 우리 자신의 고통보다 더 견디기 힘들다.[68] 우리에게 상담하러 오는 환자는 근심을 덜고 우울한 감정에서 회복되는 것만 생각하며, 그렇게 되려면 자신에게 긍정적인 변화가 일어나야 한다는 것을 대개의 경우 인식하지 못한다. 나는 그에게 약을 처방해 줄 수 있고 공감하며 그의 말을 들어 줄 수도 있지만 그것만으로는 충분하지 않다.

나의 친애하는 동료 의사들이여, 과학적 객관성의 벽에서 빠져나와 환자에게 인격적인 방식으로 말하라. 그리고 그대의 삶에서 가장 어두웠던 시간들, 그대가 오랫동안 치러야 했던 투쟁, 그대의 저항, 그대가 어려움을 극복하도록 도와준 사람들에 대해 이야기해 주라. 그러면 그대는 내가 말한 두 가지 임무 중 첫 번째 임무를 저버리지 않고 둘을 결합시키게 될 것이다. 또 예를 들어 결혼 생활의 갈등 같은 경우에 그 둘을 결합시키는 것이 얼마나 필수적인지 알아야 한다. 알다시피 이 갈등은 부부 한쪽이나 양쪽 모두에게 성숙함이 부족하고 그들 사이에 실제적인 대화가 없어서 생긴다.

의사는 홀로 과학적 임무에 책임을 진다. 한편 도의상 두 번째 임무를 무시할 수 없는데 이 점에서 그는 더 이상 혼자가 아니다. 그는 다른 모든 사람과 그 짐을 나누어진다. 그것은 행복한 경험이기도 하다. 예를 들어 폭력, 약물 중독, 이혼, 자살은 말할 것도 없고, 지난 한 세기 동안 우리 서구 문명권에 밀어닥친 심리적 장애의 큰 파도는 전문적인 심리치료사 홀로 대항하기에는 역부족이라는 것을 모르는 사람이 있는가? 그것은 바로 그 문제가 우리 문명의 실책에 기인하기 때문이다. 그것은 하나의 증상이며 우리 사회에 근본적인 변화가 일어날 때에만 그것을 저지할 수 있을 것이다. 변화를 일으키는 것은 전문가의 임무가 아닌 우리 모두의 임무다.

나는 조금 전에 말한 모리스 게르니에의 로마 클럽 보고서를 다시 거론하고자 한다.[45] 그는 경제학자들만이 자기네들의 끝없는 회의에서 제3세계 문제를 논의한다면 그 문제는 풀리지 않는 숙제로 남아 있을 것임을 증명했다. 그들은 너무나 많은 비경제적 요인들, 즉 정치적, 심리적, 민족학적, 문화적, 인구통계학적, 윤리적 요인들을 놓치고 있기 때문이다. 게르니에 자신이 경제학자라는 사실이 그의 보고서에 권위를 부여한다. 그는 자신의 임무를 회피하려는 것이 아니라 그것을 다른 이들과 나누어 지려고 한다. 그는 그 문제를 다양한 분야의 전문가들이 가담한 협동 작업으로 확장시키려 한다. 이것은 로마 클럽의 목적이기도 하다.

이 보고서를 읽으면서 나는 클레망소(Clémenceau: 제1차 세계대전 때 활약한 프랑스 정치가—역주)의 유명한 말을 떠올렸다. "전쟁은 군인들에게 떠넘기기에는 너무 심각한 사안이다." 마찬가지로 경제 위기는 경제학자들에게 떠넘기기에는 너무 심각한 사안이라고 말하고 싶다. 그리고 이렇게 말할 수 있을 것이다. 인간의 건강은 의사들에게만 떠넘기기에는 너무 심각한 문제다. 여기서 건강 문제는 전염병 예방, 장기 이식 같은 문제뿐 아니라 세계 보건 기구(WHO)가 정의하듯 인간의 신체적, 심리적, 사회적 복지를 포함한다. 나는 여기에 도덕성, 철학, 신학, 사회학 등의 측면도 더할 것이다. 내가 의학계에서 목격하듯, 우리 시대의 불행은 많은 진보를 가져다 준 전문화가 아니라 전문가들이 점점 더 폐쇄적으로 활동한다는 사실이다.

인격 의학의 필요성

인격 의학은 또 하나의 전문 분야가 아니다. 이 의학의 태동을 위해 심리학, 사회학, 신학, 철학 지식을 의사 양성 과정에 보태야 할 것이다. 인격 의학은 전문가들이 로마 클럽의 정신으로 만나는 장소라고 할 수 있다. 그들은 대화를 통해, 자신이 특수한 과학적 임무를 완수하는 동안 의학의 두 번째 임무를 함께 수행해야 한다는 사실을 깨닫게 된다. 즉 사람들이 병을 극복하도록 도울 뿐 아니라, 그 경험에서 무언가를 배워 성장하고 더 나은 삶을 살도록 도와야 한다.

나를 따라 과학적 객관성이 그어 놓은 엄격한 경계선 밖으로 나오는 것을 조용히 거부하는 유기론주의자 동료들이여, 나는 그대들이 열심을 다해 기술적 임무를 수행함으로 이미 강력한 주관적, 도덕적 행위를 수행하고 있다고 말하고 싶다. 이러한 행위는 환자의 인격적 발전에 크게 공헌할 것이다. 환자는 의사가 보여 준 지대한 관심에 감동한다. 이러한 관심은 환자가 긴 여정을 거쳐 현실 부정에서 현실 수용의 자세로 나아가는 데 아주 중요한 역할을 할 것이다. 그렇게 되려면 의사와 환자가 실제적인 대화를 나누어야 하는데 가끔 그것이 부족한 경우가 있다. 진료와 관련된 아주 세부적인 사항에서도 마찬가지다.

그렇다면 의사는 왜 환자의 심적 변화에 주목하지 않고, 그것이 성공적인 치료에 중요한 역할을 한다는 것을 인정하려 하지 않는가? 환자가 자신의 내밀한, 심지어 종교적인 관심사를 털어놓고자 할 때 왜 다른 곳으로 눈을 돌리는가? 그것들을 두려워하지 않고 받아들인다면 많은 기회가 생길 것이다. 마음이 굳게 닫혀 있는 불신자도 이렇게 외칠 것이다. "대체 내가 신에게 어떻게 했기에 신은 이런 일이 내게 일어나도록 허락하셨는가?" 왜 대답하지 않는가? 우리가 앞서 살펴보았듯이 고통의 문제는 심각한 것이며, 모든 사람이 그것에 대해 생각한다. 왜 환자는 자신이 전혀 알지 못하는 정신 분석학자나 성직자에게 문의하는가? 그가 자신의 삶을 맡긴 대상은 바로 당신이다. 그는 당신에게서 모든 것을 기대한다. 그가 솔직한 대화를 나누고자 하는 상대도 바로 당신이다. 언젠가 나는 미국 일반의(一般醫) 학회에서 그들이 잘 아는 표현을 사용한 적이 있다. "직접 해 보세요"(Do it yourself).

모두들 알다시피 궁극적으로 과학은 실험이나 계산으로 증명할 수 있는 것만 단정할 수 있다. 하지만 과학이 자신의 방법론이 미치는 범위 너머에 있는 것을 부정할 권리는 없다. 모든 치유는 생물학적인 현상, 그러니까 생리학적, 화학적인 현상을 매개로 일어난다. 온도가 4도 올라갈 때마다 화학 반응의 속도는 두 배 빨라지는데, 이것은 기하급수적으로 가속된다. 체스판의 한 칸 위에 놓인 밀알에 관한 유명한 이야기(체스판의 예순네

칸에 처음엔 한 알, 그 다음엔 두 알, 네 알 순으로 두 배 많은 밀알을 놓았을 때, 맨 마지막에 가서는 2^{64}이라는 어마어마한 수의 밀알이 필요하다는 이야기—역주)가 보여 주듯, 이러한 현상의 결과는 엄청날 것이다.

치료의 본질

그런데 이러한 온도 변화에 따른 가속 현상처럼 우리가 측량할 수 없는 영적 에너지가 가속 효과를 일으키지는 못할 것이라고 단정 지을 이유는 없다. 그렇다면 영적 에너지의 가속 현상으로 예수님이 행하신 치유 사역들을 설명할 수 있을 것이다(마가복음 8:22 이하에 나오는 눈먼 자나 많은 나환자의 치유처럼 즉각적이지 않은 치유도 있다). 과거 역사 속에서나 오늘날 오순절 운동에서도 그러한 치유의 예를 찾아볼 수 있다. 이것은 의사가 되기 전에 영적 치료자였던 프란체스코 라카넬리(Francesco Racanelli) 박사가 생명 방사(bio-radiant) 에너지라고 부른 현상일 것이다.[83]

이 주제에 대해 좀더 이야기해 보자. 몸은 유기체로서, 각 부분이 다른 부분들과 몸 전체에 긴밀하게 연결되어 있으며 의존하고 있다. 분석적인 성격을 띤 과학은 부분을 연구하는 데는 뛰어나지만 전체, 즉 인간 자체를 파악하는 데는 무력하다. 의사들은 부분을 치료함으로써 전체를 치료하려고 하는 반면, 예수님은 전체를 치유함으로 부분을 치유하셨다.

더욱이 환자는 의사의 치료가 일거에 모든 문제를 해결하는 마력을 지니고 있다고 생각한다. 하지만 의사인 피에르 그라농(Pierre Granjon)이 치료의 본질에 관한 그의 책에서 지적했듯이[42] 치료는 환자가 생각하는 것보다 훨씬 더 복잡한 문제다. 치료에 대한 환상을 깨기 위해서라면 이 점에 대해 좀더 이야기해 볼 만하다. 우리는 치료의 대가로 영구 장애를 입을 수도 있고, 후유증 때문에 이전 삶으로 되돌아가지 못할 수도 있다.

그렇다. 몇 가지 외과 수술의 경우를 제외하고는—이러한 예외성이 외과 수술을 매력적인 것으로 만든다—의사들은 치료에 관련된 이런 전반적인 문제를 흑백 논리로 설명할 수 없다는 것을 잘 알고 있다. 그것은 다양한 농도의 회색으로 묘사되어야 한다. 심리학에서는 특히 그러하다. 심리학에서 치료의 성공은 단순히 무의식적 충동에서 자유로워지는 데 있다기보다, 이 충동을 드러내어 그것을 용감하게 다스릴 수 있게 하는 데 있다. 지난 겨울, 많은 눈이 내린 쥐라 산맥의 뇌샤텔 캉통에서 인격의학을 실행하는 의사들이 친목회 성격으로 모였다. 그 모임을 주관하던 카돌 병원 원장 뤼에디(Rüedi) 박사는 우리에게 한 가지 공동 주제를 제안했다. 그것은 바로 "콤플렉스를 해결하고 싶지만 그것을 끌어안고 사는 삶"이다. 나는 즉시 내가 결코 극복할 수 없었던 지나친 수줍음에 대해 생각했다. 그 사실을 고백하려면 다시 한 번 그 문제에 직면해야 했다.

심장병, 고혈압, 당뇨병, 관절염, 그 외 많은 병의 경우에 치료란 단지 급성 증상이 완화되는 것이며, 환자가 받아들여야 할 후유증은 여전히 남아 있을 것이다. 이는 신경증 환자가 뤼에디 박사가 언급했던 콤플렉스를 가지고 있는 것과 같다. 또한 인간의 눈으로 보면 회복의 가망이 없어 보이는 가혹한 질병들도 있다.

그런데 여기서 밝혀 둘 이야기가 있다. 나는 이 책의 집필을 준비하면서 머릿속에 떠오르는 아이디어를 종이 카드에 적어 두었고, 나중에 의사의 이중적 임무에 대해 생각하면서 퍼즐 조각 맞추듯이 카드들을 정리했다. 어떤 한 카드에는 이렇게 기록했다. "치료의 기회가 더 이상 남아 있지 않다 해도 성장할 기회, 인생의 성공을 거둘 기회는 남아 있다." 나는 이 카드를 발견하고는 "정말 너무하군!"이라고 크게 소리쳤다.

이렇듯 우리는 말을 할 때나 글을 쓸 때, 언어의 마술에 이끌리거나 그 주제에 너무 깊이 빠져 과장하지 않도록 조심해야 한다. 앞에서 말했듯이 내가 텔레비전 인터뷰를 할 때 그랬다. 이것은 심각한 오해를 불러일으킬 수 있다. 무엇보다, 사람은 인생에서 스스로 성공할 수 없다. 그리고 우리의 가장 결정적인 경험들에도 한계가 있다. 그런 경험들 중 가장 위대한 것, 즉 예수 그리스도 안에서 하나님을 인격적으로 만나는 것도 사도 바울에 따르면 보증에 불과하다(고후 5:5). 그는 "우리가 소망으로 구원을 얻었으매"(롬 8:24 상)라고 말한다. 즉 우리의 구원은 희망의 대상이다. 게다가, 생명을 유지하려는 격렬한 투쟁에서 지더라도 인격적으로 성장하면 보상받을 수 있다는 듯이, 이러한 투쟁과 인격적 발전을 나란히 놓는 것은 불합리하다.

아마도 잘못된 것은 의사의 이중적 임무라는 개념일 것이다. 과학적 임무를 완수하는 것은 별로 어렵지 않다. 하지만 내가 인간적인 혹은 실존적인 것으로 묘사하는 또 다른 임무는 '다른 사람을 성장시키는' 문제가 아니다. 아무도 다른 사람을 성장시킬 수 없다. 우리 환자들은 삶의 경험에서 유익을 얻는 정도만큼 스스로 성장한다. 그것은 정신 분석학자들이 우리에게 가르쳐 주는 매우 중요한 교훈이다. 정신 분석학자들이 행한 일이란, 이미 히포크라테스가 제창한 의학 전체의 위대한 원리를 심리학에 적용시킨 것이다. 그 원리는 바로 자연에 의지하는 것이다. 그런데 자연에 의지하는 것과 하나님께 의지하는 것은 같다. 그분은 자연의 창조주이시기에 자연 안에 숨어 계시며, 영혼이라는 초자연적 세계에서 자신을 계시하시듯 자연 안에서도 그렇게 하신다. 초자연적 치유와 자연적 치유를 상반된 것으로 설정하는 것은 어리석은 일이다. 모든 치유와 모든 인격적 성장은 하나님으로부터 나온다.

이것이 현대 심리학과 복음이 완전히 일치하는 또 다른 부분이다. 예수님이 우리에게 지적해 보이신 모델은 무엇인가? 그것은 하나님이 먹이시고 입히시는 공중의 새와 들의 꽃이며(마 6:26, 28) 어린아이들이다(마 18:3). 그분은 완벽을 성취하기 위해 전력투구하는 바리새인들을 통렬히 비난하셨다. 그분은 바리새인들 중 한 사람을 그분의 발 아래서 우는 가난한 여성과 비교하셨다(눅 7:44). 이 여인은, 우리의 진료실에 와서 눈물을 흘리고, 스스로는 깨닫지 못하지만 힘든 처지에서 성장해 가는 많은 사람들과 같다. 하지만 우리 의사들은 그들의 성장을 위해 아무 일도 한 것이 없다.

따라서 의사로서 우리의 두 번째 임무는 환자들이 성장하도록 하는 것이 아니며 그들을 우리의 신앙으로 개종시키는 것도, 그들에게 설교하는 것도 아니다. 나의 친애하는 동료여, 그대가 그렇게 한다면 그것은 의사로서가 아니라 예수님의 증인으로서 그 역할을 하는 것이다. 내가 누군가에게 조금이라도 그런 역할을 한다면 그것은 바로 예수님의 증인으로 하는 것이다. 의사로서 나의 임무는 환자의 말을 듣는 것이며 그를 이해하려고 하는 것, 그에게 스스로 표현할 기회를 주는 것, 그가 현재의 시련 속에서 던지는 질문들을 진지하게 받아들이는 것, 언제든 그와 대화를 나눌 준비를 갖추는 것이다. 그가 인생의 모든 시련 중 가장 가혹한 시련에 직면해 있다면, 즉 최고의 상실인 죽음으로 가고 있다는 염려를 하고 있다면 이렇게 하는 것이 무엇보다 중요한 임무다.

내가 학생이었던 시절 이래로 이 점에서 큰 진보가 있었다. 과거에는 의사들이 거짓말을 피난처로 삼았다. 그런데 미국에서 어떤 용감하고 사랑 많은 의사 그룹이 회복 가망 없는 환자들과 정기적으로 대화를 나눔으로써 자기 임무를 끝까지 완수하겠다고 결심했다. 당신은 그들이 수많은 환자들에게서 목격했던 엄청난 개인적 성장, 즉 결과적으로 그들에게 압도적인 체험이 되었던 이야기를 읽은 적이 있을 것이다. 이것은 프란세스 혼(Frances Horn)이 어느 인격 의학 학회에서 강연한 이야기이기도 하다.[48]

하지만 일상의 의학, 모든 질병이 내포하는 두 가지 가능성의 문제를 다시 조명해 보자. 그 가능성은 치유의 가능성과, 병을 계기로 달성할 수 있는 인격적 성장의 가능성을 말한다. 일반적으로 환자는 치유에 대해서만 생각하는데 그것은 당연하다. 그러나 우리가 이 책에서 진행하고 있는 연구는 의사에게 그리고 환자의 가족과 지인들에게 더 멀리 내다보라고 촉구할지도 모른다. 이러한 더 넓은 관점은 의사의 사명에 더 큰 차원, 더 큰 열정을 부여할 것이다. 그리하여 그는 과학적 문제들을 제기하는 사례 그 이상의 세계를 보게 될 것이다.

그것이 바로 치유와 인격 성장 둘 다를 위해 하나님이 하실 일을 기다리는 신앙적 태도다. 환자에게 의사는 치유받고자 하는 자신의 희망을 구현하는 존재다. 치료 도중 의사가 두 번째 희망, 곧 환자의 인격 성장에 큰 관심을 가지고 있다면, 의사가 그것에 대해 전혀 이야기하지 않더라도 환자에게 훨씬 더 큰 힘이 될 것이다. 아직은 이야기할 시점이 아니기 때문이다. 그 이야기는 반드시 뒤로 미루어야 한다. 현재 의사의 관심사는 병과의 싸움이다. 만약 의사가 먼 미래에 대해 이야기한다면 환자는 그가 치료 작업에 관심이 없으며 환자인 자신을 포기했다고 느낄 것이다. 질병과 싸우려면 전투의 순간에 의사와 환자가 함께 해야 한다. 둘이 같은 시간에 함께 싸워야 하는 것이다. 다음 비유가 방금 한 이야기를 쉽게 설명해 줄 수 있을 것이다. 농부는 추수를 생각하고 미래를 내다보면서 씨를 뿌린다. 다시 말해 그는 현재에 충실하여 오늘 할 일에 집중하고 있지만 더 먼 미래상에 고취된다.

고독이라는 질병

이 시간차는 우리가 이 책에서 다루는 문제에 매우 중요한 내용이다. 내가 어떤 계기로 이것의 중요성을 깨닫게 되었는지 말해야겠다. 영국 코벤트리(Coventry)에서 영국 동료들이 매우 잘 조직하여 운영한 제32회 인격 의학 학회가 열리고 있었는데, 물론 지금 그 내용을 모두 다 말하고자 하는 것은 아니다. 그 창조적 독창성을 발견하려면 이 학회에 직접 참여해 보아야 할 것이다. 하지만 지금 나는 우리 주제와 직접 관련된 것들만 추려 내려 한다.

이 때의 주제는 '고독'이었다. 그것은 더할 나위 없이 큰 상실로, 우리 서구 문명의 특징이자 특히 인격 의학을 실천하는 의사들에게 적합한 주제였다. 담당 의사에게 우울증, 기력 상실

등의 통증이나 불면증, 심장병, 소화기 질환, 그 외 많은 증상을 호소하는 수많은 환자를 생각해 보라. 그런데 그들이 실제로 앓고 있는 병은 고독이다. 외로움으로 고통받는 사람들은 말로 표현하는 것을 무척 힘들어한다. 그들은 그런 고통이 있다는 것이 수치스러운 듯 숨기기까지 한다. 독일 하이델베르크 출신의 하인리히 후엡슈만(Heinrich Huebschmann)이 그랬다. 나는 그의 유명한 말을 즐겨 자주 인용한다. "영혼이 침묵할 때 몸이 소리를 지른다."[49] 인격 의학을 실천하는 의사는 이러한 숨겨진 고통을 분별할 수 있는 사람이다. 고독은 우리 사회의 재앙이므로 우리는 고독을 불러일으키는 외적 요인들을 가볍게 보지 않았다. 그런데 우리는 그 요인의 희생자들이 자기 자신에게로 책임을 돌리는 것을 자주 볼 수 있었다. 따라서 그들이 치유되려면 인격적 성장이 이루어져야 한다.

미국 사우스캐롤라이나 주 찰스턴에서 온 리처드 소스노브스키(Richard Sosnowski) 박사는 성경 공부를 인도하면서 우리에게 예수님의 두 가지 고독을 상기시켰다.[103] 하나는 그분이 사역 초기에 경험한 고독으로 광야의 유혹과 관련된다(눅 4장). 그것은 스스로 뛰어든 고독으로서, 성령의 요구를 받아들인 것이며, 들떠 있는 우리 현대인들이 별로 실천하지 않는 일종의 묵상이다. 하지만 그러한 고독은 자기를 발견하고 개인적 소명을 깨닫는 데 큰 도움이 된다. 또한 그분은 사역 마지막에 겟세마네 동산(마 26:36)과 십자가에서 무서운 고독을 경험하셨다.

이것은 자신의 의지와 관계없는 고독으로, 아무것도 이해하지 못하는 친구들의 배신과 버림이 있었다. 심지어 그분은 하늘 아버지의 신실하심을 의심하기까지 했다(마 27:46).

우리는 개척자들의 고독, 기존 궤도를 벗어나고 사회에 순응하라는 압력에 저항하는 사람들의 고독에 대해서도 자세히 이야기했다. 그들은 창조성의 원동력이지만, 필연적으로 사회와 격리된다. 나도 내 직업 세계에서 새로운 방향으로 나가야겠다고 결심했던 3년 동안 그러한 종류의 고독을 경험했다. 절친한 친구들조차 내 첫 번째 책이 나올 때까지 내 뜻을 전혀 이해하지 못했다. 우리는 좋고 나쁜 고독에 대해, 이 두 종류의 고독이 뚜렷이 구분된다는 듯이 지나치게 단순화시켜 많은 이야기를 나누었다.

그런데 어느 프랑스 의사의 아내인 모니크 크레스만(Monique Kressmann)이 강단에 올라 권위 있는 목소리로 다음과 같이 말했다. "저는 두 가지 고독, 즉 좋은 고독과 나쁜 고독이 존재하지 않는다고 확신합니다. 고독은 한 가지입니다." 우리 모두 놀란 표정으로 서로 쳐다보았다. 모니크는 자신이 한 말의 의미를 설명하기 위해 몇 년 전에 일어났던 사건을 이야기했다. 나는 그녀에게 최근의 예를 들어 달라고 요청했다. 그러자 용감하게도 그녀는 코벤트리에 오기 직전에 남편과 심하게 다툰 이야기를 하기 시작했다. 그것은 여성들에게만 가능한 일이었다.

당신은 '여성들에게만 가능한'이라는 표현이 과장이라고

생각할지 모른다. 그것은 과장이 아니었다! 내게 상담하러 왔던 다른 부부를 예로 들어 보자. 그들은 그 당시 갈등을 겪고 있었다. 그들은 전날 끔찍한 일을 겪었다고 털어놓았다. 나는 남편에게 무엇 때문에 싸웠느냐고 물어보았다. 그는 대답하지 못한 채 멍하니 입만 벌리고 있었다. 서로 싸우게 된 이유도, 서로 오고간 말도, 싸움이 크게 번진 이유도 전혀 기억하지 못했다. 그는 기억력 좋은 똑똑한 사업가였기 때문에 당황스러워하는 빛이 역력했다.

하지만 그의 아내에게 묻자, 마치 녹음이라도 한 듯 오고간 모든 말을 또박또박 표현했다. 남편의 이런저런 지적은 직격탄을 날린 것 같았고, 그녀는 막말로 대들었다. 그리고 나서 상대방에 대한 비난이 줄줄 쏟아져 나왔던 것이다. 그런데 그들은 왜 이렇게 상반된 반응을 보이는가? 그것은 바로 남성이 지적이고 추상적인 것에 민감한 반면, 여성은 구체적인 현실에 민감하기 때문이다. 남성은 개념을 표현하고 여성은 감정을 표현한다. 어떤 개념에 대해 논쟁했다면 남편이 분명하고 조리 있게 설명할 수 있었을 것이다. 그는 학회 발표처럼 논쟁거리를 분석하고 설명했을 것이다. 하지만 그런 논쟁은 없었다. 감정의 폭발만 있었을 뿐이었다.

나 역시 남자라서 모니크 크레스만이 말한 것을 완벽하게 전달하지 못하겠다. 하지만 그녀의 말은 무척 생생하고 구체적이며 세부적인 묘사로 가득해서 모두가 쉽게 이해할 수 있었다.

여기저기서 웃음이 터져 나왔다. 우리 모두 매력적이고 탁월하며 금슬 좋은 이 부부를 좋아했기 때문에 더 많이 웃었던 것 같다. 이들은 우리에게, 각각 다른 교파에 속해 있는 부부 사이에 형성될 수 있는 완벽한 영적 유대의 본보기이기도 했다.

모니크는 이렇게 외쳤다. "웃으시는군요. 여러분 모두 웃고 계시네요. 저도 지금은 여러분과 함께 웃을 수 있답니다. 하지만 그 때는 웃는다는 건 생각도 못했어요. 너무나 외로웠죠. 남편이 저를 오해하고 있다는 느낌이 들었고 저를 둘러싼 모든 것이 무너져 내리는 것 같았어요. 고독은 항상 끔찍한 것이랍니다. 거기서 빠져나와야 비로소 그것을 다르게 볼 수 있어요."

즉각적으로 어떤 이미지가 내 머릿속에 떠올랐다. 기차가 우리 옆을 지나는 바로 그 순간에 갑자기 경적 소리가 높아진다. 다가오는 기차의 속도가 우리가 감지하는 음파의 주파수를 높이며, 기차가 멀어지면 주파수가 낮아지기 때문이다. 이와 마찬가지로, 어떤 사건에 대한 우리의 관점은 그것이 현재 코앞에서 우리를 위협하느냐 아니면 과거의 일이냐에 따라 달라질 수 있다. 변하는 것은 사건이 아니라 사건에 대한 우리의 관점이다. 우리는 시간이 흐르고 난 후에야 가장 불행한 사건들을 유익한 것으로 인식할 수 있을 것이다.

그런 식으로 우리는 데카르트의 창조성에 대해 논할 수 있을 것이다. 우리는 한 살배기 어린 고아에서 완전히 성숙한 남자로 성급하게 비약한다. 우리는 렌취니크 박사의 이론에 의거해 이

어린 고아가 비상한 권력 의지에 압도되었고, 결과적으로 권위 있는 철학 이론을 고안하게 되었다고 가정할지 모른다. 다른 사람들이 비범한 정치적 권력을 휘두르게 된 것처럼 말이다. 나는 에이날 박사의 관점을 좇아, 데카르트가 인생의 무상함을 아주 일찍이 깨달아 오랫동안 고뇌했고, 궁극적으로 '명석 판명한 (sure and certain) 지식'을 습득하는 방법론[18]을 찾게 되었다고 생각한다. 하지만 그런 일이 일어나기까지 시간이 흘러야 했으며, 밭의 농부가 수확을 기다리면서 가졌을 인내보다 훨씬 더 큰 인내가 필요했다.

멀리 내다보기

스스로 택한 생산적인 고독과, 자기 의지와 상관없이 찾아온 비극적인 고독을 철저하게 구분하는 것은 진실을 지나치게 단순화시키는 것이다. 두 번째 고독도 후에 풍성한 결실을 거둘 수 있기 때문이다. 다시 한 번 우리는 본질적인 문제가 사건—고독—이 아니라 사건에 직면한 사람의 태도임을 알게 된다. 예수님이 그 좋은 예다. 그분은 겟세마네 동산에서 힘겨운 묵상을 하는 동안 아버지의 뜻을 발견하려 하셨다. 하나님 아버지가 자신의 죽음을 원하는지 알고자 하신 것이 아니라, 다가올 죽음을 받아들이게 해 달라고 기도하신 것이다. 이 둘은 아주 다른 태도다. 이제 우리는 그것을 알고 있다.

이 내용을 쓰면서 지금까지 내가 깊이 논의해 온 문제를 다시 살펴보려고 한다. 그것은 하나님이 고통을 바라시는가 그렇지 않은가 하는 문제다. 이는 특히 의사에게 아주 중요한 문제이므로 다시 언급하는 것에 대해 변명하지 않겠다. 어떤 동료가 내게 하나님이 자신의 아들을 죽였을 것이라는 생각이 들어 소름이 끼쳤다는 말을 한 적이 있는데, 나는 그의 마음을 너무나 잘 이해할 수 있다. 나는 하나님이 결코 죽음을 바라지 않으시며 생명을 원하신다고 확신한다. 그분은 병이 아니라 치유를 바라신다. 나는 우리 의사들이 죽음과 질병에 대항해 싸울 때 하나님이 우리와 함께하신다는 것을 굳게 믿는다. 그분은 이 타락한 세상에 질병과 고통과 죽음이 존재한다는 바로 그 이유 때문에 우리를 부르셨다. 또한 사람들이 이 잔인한 현실을 받아들이는 태도가 중요하기 때문에 우리를 부르셨다.

예수님 자신이 이러한 현실, 온갖 약하고 짓밟히고 경멸당하는 사람들을 직시하셨다. 그분이 말하는 팔복은 미래에 주어질 복이다. 가장 작은 자가 하나님 나라에서 가장 큰 자가 되는 것은 미래의 일이다. 그런데 그분은 이미 일어난 일처럼 말씀하신다. 나는 복음의 이 역설적 관점으로 내 직업 생활을 꾸려 왔다. 따라서 내 동료들에게 더 먼 곳, 그들이 몰두하고 있는 기술적 문제 너머에 있는 것을 바라보라고 권면할 때 나는 이렇게 말했어야 했을 것이다. "훨씬 더 멀리 내다보라." 그렇게 하면 그들로 하여금 조바심 내거나 낙담하지 않도록 할 수 있을 것 같기

3장 승리인가, 패배인가?

때문이다. 이런 이유로 나는 많은 환자의 향후를 수십 년 동안 주시했고 83세가 된 지금도 그렇게 하고 있다(이 책을 쓸 당시 저자는 83세였다. 지금은 고인이 되었다-역주). 그리하여 짧은 기간에 수많은 환자를 진료할 때보다 더 많은 것을 배우고 있다.

보상도 컸다. 나는 내 환자의 자서전을 읽었다. 우리는 25년 동안 만나지 못했지만, 그녀의 이야기를 읽으면서 한 인생이 그토록 풍요로운 체험을 할 수 있다는 데 경탄을 금치 못했다. 어떤 환자에게서는 감동적인 편지를 받았다. 그 환자에게도 보상을 기대할 수 없는 시련이 찾아왔다. 무척 힘든 것이었다. 심리치료는 치과 치료처럼 병 자체만큼이나 고통스럽다. 하지만 이제 그녀는 이렇게 쓸 수 있다. "모든 고통은 좋은 열매를 맺을 수 있습니다." 사건이 일어난 이후라는 것은 때로 긴 시간을 의미한다.

하지만 성실함이란 그 본질상 대가 없이 주는 것이며 보상이나 성공을 바라지 않는다는 것이다. 여기서 나는 절대 다수를 차지하는 내 동료들의 엄청난 헌신에 기쁜 마음으로 경의를 표한다. 아무리 이론에 충실하고 순수한 과학자라고 자부한다 할지라도, 정말로 효과적인 치료를 한다 할지라도 전혀 진척이 없다고 해서 환자 곁을 지키지 않는다면 어떻게 진정한 정신 분석학자라 할 수 있겠는가? '지지적 심리치료'(support psychotherapy)이라는 용어는 과거 신경증 환자들을 멸시하던 경향을 쇄신하고자 이 말을 쓰게 되었는데, 그런 분위기는 여전히 남아있다.

이는 정신 분석학자들만의 문제가 아니다. 나는 이따금 나를 찾아왔던 외국인 여성 환자 한 명을 늘 기억한다. 그녀는 내게 자신의 담당 의사가 얼마나 큰 버팀목이 되어 주었는지 이야기했다. 나는 "그를 자주 만납니까?" 하고 물어보았다. "거의 매일요. 그분은 환자들을 만나는 진료 시간 중간이나 진찰이 끝난 뒤 시간을 내주십니다. 그리고 만나지 않을 때에도 제가 그분께 자주 전화를 겁니다." "그를 언제부터 만났나요?" 내가 물었다. 그녀는 "아, 수년 되었어요"라고 대답했다. 그 의사가 누구라고 생각하는가? 그는 의사이자 지역 대학교의 법의학 교수로 있던 사람이었다. 사랑의 전화와 같은 것을 정기적으로 이용하는 사람들도 있다. 그들에게는 성실하게 들어 주고 답변해 줄 필요가 있다.

그리고 모든 일반의와 심각한 신체 장애를 다루는 외과의들을 생각해 보라. 외과의들은 대개 행동파이며 효율성에 몰두하지만 그럼에도 이들은 환자를 놀라울 정도로 친절하게 배려할 수 있다. 모든 의사들은 더 이상 아무것도 할 수 없어 환자를 포기하는 것이 자신의 소명을 저버리는 일이라고 느낀다. 알퐁스 매데가 모든 의사의 무의식 속에 자리잡고 있다고 주장한 이 '구원자 원형'은 대단히 강력한 것이다.[85]

특히 스위스처럼 현명하게도 의학의 전문성을 보호하는 나라에서는 이 원형이 큰 힘을 발휘한다. 운동가들은 그 주요 목적이 의사의 배를 불리는 것이라고 주장한다. 하지만 그것은 사실이 아니다. 조사를 해 보면 이 나라에서 행해지고 있는 무료 진찰의 비율에 깜짝 놀랄 것이다. 하지만 그런 조사는 실제로는 불가능할 것이다. 어떤 의사도 응답하려 하지 않을 것이기 때문이다. 여하튼 그는 해변에서 만난 피서객에게 간단한 의료 상담을 해준 것처럼 무료 진찰 해준 것을 잊어버릴 것이다. 내 모든 동료들이 느끼는 자부심과 기쁨은 전적으로 그들이 도울 수 있는 사람을 찾는 데 있다. 관료들이 의학을 거대한 비인격적, 행정적 장치로 바꾸려고 하는 나라에서, 의사들은 여전히 자신이 공무원으로 변질되지 않도록 마음속으로 싸우고 있다.

4장 상실과 좌절

"슬픔이 크면 클수록
슬픔이 생산하는 창조적 에너지도 커진다."

나는 에이날 박사를 처음 방문했을 때, 나와 같은 일을 하는 사람들은 정신 분석이 좌절 없는 삶을 목표로 한다는 생각을 막연하게나마 갖고 있기 때문에 상실에 대한 그의 논문이 더욱 인상적이었다고 말했다. 프로이트가 '쾌락 원리'를 심적 장치(psychic apparatus)의 유일한 동인(動因)으로 제시했던 초창기에는 이 말이 맞았을 것이다. 수많은 인생 이야기에 귀기울이기 시작하면, 얼마나 많은 심리적 동요가 충족되지 않은 정서적 욕구나 채워지지 않는 강렬한 욕망에 뿌리 내리고 있는지를 알게 될 것이다. 그런 발견에 근거하여 관대한 교육 방법론, 즉 규칙과 처벌을 없애야 한다는 주장이 나왔다. 하지만 얼마 되지 않아, 아무런 저항에 부딪히지 않는 아이는 삶의 투쟁을 치를 준

4장 상실과 좌절

비가 안 된 아이라는 관점으로 되돌아갔다. 그럼에도 불구하고 좌절이 우리가 겪는 모든 불행의 원인이라는 생각은 완전히 사라지지 않았다.

결핍, 좌절, 상실

실은 프로이트 자신도 사상적 변화를 겪었다. 「쾌락 원리를 넘어」(*Beyond the Pleasure Principle*)[30]를 출간한 이후로 그는 두 번째 원리, 즉 현실 원리를 인정했다. 이것은 고갈되지 않는 우리 욕망에 걸림돌이 되는 현실, 요컨대 고통의 현실이다. 에이날 박사가 말하듯[47] 모든 정신 분석학자는 "욕구의 자동적 만족, 어떤 종류의 좌절도 없는 상태"를 비현실적인 개념으로 본다. 그런데 결핍, 좌절, 상실 이 모두는 같은 것이다. '결핍'(privation)이란 단어는 정서적 의미를 함축하지 않고 객관적 사실을 표현한다. 정신 분석학자들이 널리 유포한 '좌절'(frustration)이란 단어는 그것으로부터 나올 수 있는 해로운 요소들을 상기시킨다. 이 책에서처럼 박탈의 경험에서 흘러나올 수 있는 유익을 표현할 때는 '상실'(deprivation)이라는 단어가 필요할 것이다. 프로이트주의자들이 좋아하는 또 다른 단어는 '거세'(castration)다. 하지만 프랑수아즈 돌토(Françoise Dolto)가 제시한 목록을 읽어 보면,[19] 모든 것이 상실의 다양한 형태라는 것을 깨닫게 된다.

나는 그 문제를 다른 방식으로 표현해야겠다. 나는 앞서 고통 자체와 고통에 대한 주체의 반응을 구분하였는데, '좌절'이라는 용어를 파괴적 반응을 의미하는 데, '상실'을 창조적 반응을 의미하는 데 사용하도록 하겠다. 내가 운명의 책임을 전적으로 부정한다고 생각하지는 말라. 나는 종종 사람이 파괴적인 반응밖에 보일 수 없다는 것을 잘 알고 있다. 특히 아주 어린 시절에는 더욱 그렇다. 유아는 연약하기 때문에 부모의 처분에 맡겨지게 된다. 그럼에도 불구하고 우리는 아기들이 부모에게 굴복하지 않고 당당히 버티는 것을 목격하곤 한다. 때로는 그 대가로 목숨을 지불하기도 한다. 그들은 자신이 휘두를 수 있는 유일한 무기를 사용하는데, 그것은 울고 소리 지르는 것이다. 자기 아이를 마구 때리거나 죽인 부모는 한결같이 아이의 울음을 멈추게 할 수 없었다는 변명을 한다.

상실에 대한 두 가지 반응

따라서 우리는 항상 두 가지 반응의 딜레마로 돌아오게 된다. 셀 수 없이 많은 요인, 그러니까 의식적, 무의식적, 신체적, 도덕적, 문화적 요인들의 복잡한 연결망 전체가 우리 행동을, 즉 파괴적 행동 아니면 창조적 행동을 결정한다. 내가 에이날 박사의 글을 읽으면서 특히 놀란 이유는, 과거의 프로이트가 이 문제에 얼마나 몰두하고 있었는지를 깨달았기 때문이다. 에이날은 프로이트의 심오한 말을 인용한다. "어떤 것을 잃어버리기 위해서는 무엇으로든 그것을 대체해야만 한다"(We can lose nothing without replacing it). 우리는 그것을 무엇으로 대체하는가? 그것이 문제다. 파괴적인 반항인가 아니면 창조성인가?

승화

하지만 두 번째 방식, 즉 창조성을 택하는 것은 쉬운 일이 아니다. 그러려면 용기가 필요하며, 프로이트가 애도(mourning) 작업이라 부른[29] 내적 성숙의 전체적 과정이 필요하다. 프로이트는 자기 아버지의 죽음에 대해 기록하면서 그것을 "인생에서 가장 비통한 드라마"라고 표현했다. 프로이트의 사상을 잘못 이해하지 않으려면, 그가 말한 아버지를 죽이고 싶은 무의식적 욕망과 이 말을 비교해서 해석해야 한다. 또 우리는 그가 밀턴의 「실낙원」(*Paradise Lost*)[69]을 좋아했다는 것도 알고 있다.

하지만 말해 두어야 할 내용이 더 있다. 바로 프로이트의 승화(sublimation) 개념이다. 그가 이 점에 대해 충분히 쓰지 않은 것은 유감스러운 일이다. 그는 내내 신중했다. 예를 들어 창조성이라는 주제에 대해서는 조심스럽게 다루었다. "예술적 기능의 정수(精髓) 또한 여전히 정신 분석학적으로 접근할 수 없는 것이다." 내가 이 책에서 이야기하고 있는 내용 전체를 정확하게 표현하는 것이 바로 이 승화 개념 아닌가? 그것은 고통스러운 현실에 부딪혀서 당구공처럼 동일한 힘을 가지고 새로운 방향으로 튀는 특수한 심적 에너지다. 공이 캐넌(한 번 친 공이 다른 두 공과 잇달아 맞는 것-역주)을 칠 때 쿠션 역할을 하는 것이 상실이다.

프로이트는 일종의 절제가 모든 창조성과 문화의 원천이라고 말하는 듯하다. 필리프 모튀(Philippe Mottu)는 두 명의 저자를 언급한다.[74] 하버드 대학교 사회학과 교수인 피티림 소로킨(Pitirim Sorokine)[102]과 언윈(J. D. Unwin)[111]이다. 그들은 사회 역사 속에서 이 이론을 입증하고자 했다. 그들은 성적(性的) 자유에 관대한 시대가 문화적 관점에서는 가장 형편없었다는 것을 증명할 수 있었다. 반면에 도덕성과 사회적 관습에 의해 성생활이 규제받은 시대가 창조적 생산의 면에서는 가장 풍요로웠다. 이것은 성적 방종을 옹호하는 자들의 주장과 대치된다. 때로 성적 방종이 프로이트의 영향 때문이라고 여겨지기도 했다. 이것은 또 성생활에서 상실감을 겪고 있는 모든 사람에게 중요한 교훈을 준다. 이들의 상실감은 성적 방종을 옹호하는 이론들로 한층 심해졌으며, 심지어 많은 가톨릭 신부들이 결혼을 하여 스스로 심리적 문제를 짊어지는 지경에 이르렀다. 프로이트의 관점에서 승화는 상실을 받아들이는 것과 관계가 있다.

상실과 애도

그렇다면 프로이트가 「애도와 우울」(*Mourning and Melancholy*)[29]에서 말하는 애도 작업이란 무엇인가? '애도'라는 말은 아주 보편적인 의미로 사용된다. 여기서는 '잃어버린 기회를 애도하는 것'에 대해 말하고자 한다. 이 용어는 특별히 사랑하는 사람의 죽음과 관련하여 사용되지만 모든 종류의 상실을 포괄할 수 있다. 이제 내가 현재 무엇으로 인해 상실감을 느끼고 있는지를 말할 순간이 왔다. 이 상실감은 고아였던 나의 어린 시절과 관련된 것이 아니라, 7년 전 아내가 죽은 이후로 경험해 온 것이다.

나는 이 책을 쓰겠다고 결심하자마자 이런 순간이 올 것이라는 것을 알았다. '고아와 과부'라는 말이 있다. 그런데 나는 둘 다에 해당된다. 나는 오랫동안 망설였다. 아내가 죽은 이후로 창조적인 욕구가 새롭게 일어나는 것을 느꼈다고 말해야 하기 때문이다. 나는 내 친구들도 나처럼 생각한다고 보며, 내가 잘못 생각하는 것이 아니라고 믿는다. 내가 두려운 이유는 많은 독자들이 충격을 받지 않을까 해서다. 또는 내가 아내에게 전혀 애정이 없었다고 생각할까 봐, 창조적 욕구가 커진 것이 그녀에게 상처를 입히는 일이라고 생각할까 봐, 내가 아내와의 사별을 가볍게 받아들인다고 생각할까 봐 두렵다. 나는 우울하게 가라앉지 않고 활발하고 차분한 태도를 유지하는 과부나 홀아비들에게 종종 그러한 비난이 쏟아지는 것을 들은 적이 있다.

진실은, 내게 일어난 일이 슬픔을 부정하는 것과는 정반대된다는 것이다. 바로 그것이 내가 이 책에서 말하고 있는 고통이며 고통을 계기로 해서 생길 수 있는 창조성이다. 슬픔이 크면 클수록 슬픔이 생산하는 창조적 에너지도 커진다. 내게 그런 일이 일어난 것이 분명하다. 나는 고통받는 자들 곁으로 더 다가갔고 그들을 더 잘 이해하게 되었다. 하지만 슬프다. 홀로 늙어 가는 것은 함께 늙어 가는 것과는 아주 다르다! 내가 가장 그리워하는 것은 아내와 나누었던 풍성한 대화다.

여기서 중요한 사실은 우리 대화가 주로 묵상의 형식을 취했다는 것이다. 우리는 자주 함께 그것을 실천했다. 그래서 침묵 속에서 하나님의 음성을 들을 수 있었고 우리 생각을 기록할 수 있었다. 그 생각이 우리 자신에게서 나온 것이든, 무의식에서 나온 것이든, 또는 하나님에게서 나온 것이든 상관없었다. 그런 후 우리는 서로 그것을 읽어 주었다. 이는 서로를 깊이 발견할 수 있는 가장 확실한 방법이다. 우리는 그렇게 특별한 순간을 함께 보내지 않았더라면 결코 나눌 수 없었을 이야기들을 서로 들려 주곤 했다. 나는 대략 50세 이후부터 이러한 종류의 묵상을 혼자서도 실천하고 있다. 묵상은 할 때마다 독특한 것이라 다른 것으로 대체할 수 없다. 과거에는 매일의 묵상을 종종 빠뜨리곤 했다. 하지만 아내가 죽은 이후로는 단 하루도 거르지 않았다. 마치 하나님과의 만남이 아내와의 만남도 되는 듯이.

아내가 살아 있었다면 우리는 노년에 더욱 평온한 삶의 양식에 순응했을 것이다. 나는 현재 내 활동과 많은 저술 활동에 어느 정도의 과잉 보상 심리가 자리잡고 있다고 생각한다. 어떤 경우라도 나의 모든 활동은 '애도 작업'으로 해석될 수 있을 것이다. 하지만 그 속에서 아내와 교제함을 깨닫게 된다. 우리는 모든 것을 함께 했으며 지금도 그렇다고 감히 말하고 싶다. 나는 아내의 보이지 않는 실재를 강하게 느끼고 있다. 내 마음에 살아 있는 것은 옛날보다 더 생생한 바로 지금 그녀의 실재다. 마치 삶을 포기한 것처럼 사는 과부들이 있다. 사별의 순간에 삶이 멈춘 것처럼 말이다. 그들의 생각은 과거를 향하고 있지만, 나는 현재에 살며 미래를 바라본다.

그러므로 어떤 이들에게는 고인의 실재가 퇴보하고 무기력하게 만드는 것인 반면, 내 아내의 실재는 생기 있고 활력을 불어넣는 것이다. 그리고 그것을 경험하는 것은 나뿐이 아니다. 어제 우리집 가정부가 내게 한 말은 무척 감동적이었다. 그녀는 아내가 죽기 전과 마찬가지로 토요일 아침마다 우리집에 온다. 어제 그녀는 이렇게 말했다. "선생님 댁에 오는 게 참 좋아요. 부인이 지금도 여기 계신 것같이 느껴지거든요. 그래서 무슨 일을 하든, 부인이 내가 어떻게 하기를 바랄까 하고 스스로 묻게 되죠." 진 지글러(Jean Ziegler) 같은 사회학자들은 흑인 문화권에서 죽은 자가 산 자와 함께 있다는 이러한 의식이 얼마나 중요한 역할을 하는지 말해 준다.[115] 이는 우리 서구 문명과 얼마나 큰 대조를 이루는가! 우리 문명은 죽음을 숨기고 억누르며 심지어 애도의 복장을 하는 것마저 금하기까지 한다. 죽음은 인간의 고유한 문제이기 때문에 그런 견지에서 미개한 것은 사실 그들이 아니라 우리다.

아내의 죽음 이후로, 내가 평생 애도 속에서, 즉 일생 동안 천국에서 내 부모님과 다시 만날 것을 기다리며 살아 왔다는 것을 깨달았다. 아내는 죽기 직전에 자신이 그 곳에서 그분들을 만날 것이라고 말했다. 그녀는 예전부터 그렇게 느꼈던 것이다. 그러므로 나는 평생 그분들의 보이지 않는 실재 속에서, 그분들의 삶의 특징이었던 믿음과 사랑, 그리고 시적인 분위기에서 살아 왔다. 이제 새로운 사별을 겪으며 나와 천국은 더욱 강하게 연결되었으며, 그로 인해 이 세상 문제에 대한 관심이 줄어들기보다는 오히려 더욱 커졌다. 인간의 마음은 논리의 법칙에 전혀 굴복하지 않는다. 전자와 후자는 철저하게 상반된다. 나는 큰 슬픔을 안고 있지만 동시에 행복한 사람이라고 말할 수 있다.

프로이트의 한계

그렇다면 나는 프로이트가 말하는 의미의 애도 작업을 하고 있는 것인가? 그렇다고 생각되지는 않는다. 프로이트에게 애도 작업은 분리(detachment)이며 정신 분석학자들이 종종 사용하는 단어로 투자의 회수(disinvestment)에 해당된다. 그는 그것이

"상실한 대상과의 애착을 끊어 내는" 문제라고 썼다.[29)] 따라서 그를 가장 철저하게 따르는 제자 중 한 사람인 라가쉬(Lagache) 박사는 그것이 "죽은 자를 죽이는" 문제라고 쓸 수 있었다.[63] 하지만 당신은 내 경우는 이와 완전히 정반대되는 것임을 알 것이다.

당신은 재투자를 위한 투자 회수라는 이 기제가 프로이트의 승화 이론의 기초였다는 점을 기억할 것이다. 그것은 당구공 효과에 해당된다. 나는 다른 비유를 들 수 있을 것 같다. 그것은 물을 일정한 방향으로 흘려 보내는 관개 시설의 수문과 같다. 프로이트의 사고는 기계적 모델에 근거하여 전개되었다. 그는 그런 점에서 매우 남성적이다. 모든 것을 기계 장치로 바꾸는 것은 남자들이며, 따라서 우리의 남성적 문화는 거대한 비인격적 기계와 같다. 이 문화는 개인들조차 비인격화하며 그들을 로보트로 만든다. 프로이트는 맹목적인 기제에 지배되는 맹목적인 충동만을 보았다. 그는 인간의 정신을 가리켜 '심적 장치'라는 용어를 썼다. 그리고 이에 대해 일련의 해석을 달았다. 일반론적이면서도 경제학과 관련되었으나 늘 기계론적인 관점을 견지하는 해석이었다. 이에 대해 폴 리쾨르는 이렇게 말했다. "심적 장치라는 이 유사(類似) 물리학적 개념은 프로이트주의에서 결코 완전하게 제거된 적이 없다."[91)]

나의 어린 시절이기도 했던 프로이트의 시대에는 과학의 명성이 절정에 달했다는 것을 기억해야 한다. 과학은 그 후로도 엄청난 진보를 이루었지만 지금은 훨씬 더 겸손해졌다. 프로이트 시대의 과학은 우리가 신뢰할 만한 가치가 있는 유일한 진리로 자처했다. 조지프 간더(Joseph Gander) 박사가 썼듯이[37] 당시에는 피르호(Rudolf Virchow, 1821-1902: 독일의 병리학자 및 정치가. 병리 작용에 대한 근대적 개념을 제창한 19세기 가장 뛰어난 의사 중 한 명으로 꼽히는 인물—역주)가 어느 누구의 도전도 받지 않은 채 거의 한 세기 동안 의학계를 지배하고 있었다. 이런 분위기에서 프로이트가 등장하여 피르호의 가르침과 완전히 상반되는 사실을 발표했다. 어떤 해부 병리학적 장애도 없는 병이 있다는 주장을 했다고 상상해 보라. 그것은 전혀 과학적이지 않았던 것이다.

그러므로 프로이트는 과학을 거역하며 공상으로 비약했다는 비난 앞에서 신중하게 자신을 방어해야 했다. 게다가 당시에는 신경증 환자들이 상상의 병을 앓고 있는 것으로 간주되는 경향이 있었다. 발언 기회를 얻기 위해 프로이트는 과학의 합리주의적 언어를 받아들여 자기 이론을 정당화할 수밖에 없었고, 오랫동안 이런 입장을 유지하려고 애썼다. 그에 의하면 인간의 본성에는 목적(purpose)의 징후가 없고, 추동(drives), 즉 물리학에서 말하는 것과 같은 힘(forces)만이 있을 뿐이었다. 그 힘은 측량될 수 있기에 그 기제도 이해할 수 있는 것이었다. 그런데 이런 입장은 정신 분석학계가 크게 분열되는 원인이 되었다. 그의 가장 가까운 동역자 융(C. G. Jung)이 연금술사들의 사고 양식을 떠올리게 하는 정신의 변형(metamorphosis)에 대한 책[56]을 출간했을 때 그리고 그가 원형(archetypes) 이론을 내놓았을 때 이런 분열이 일어났다. 그의 원형 이론은 추동처럼 뒤에서 미는 것이 아니라 앞에서 끌어당기는 것이었다.

프로이트를 받아들이면, 우리는 정량적(quantitative) 영역을 엄격히 고수하게 된다. 비록 그것이 실제로는 측량할 수 없는 것일지라도 말이다. 투자 개념은 측량에 밝은 경제학자들로부터 빌려 온 것이다. 프로이트와 그의 추종자들은 '대상'을 좇는 충동만을 본다. 엄마의 젖가슴에서부터 섹스 파트너에 이르기까지, 심지어 예술, 철학, 종교도 그 대상에 해당된다. 그는 기제(mechanism)만을 묘사하는 과학의 언어를 말한다. 그것은 어떤 일이 어떻게 일어나는지는 보여 주지만 왜 일어나는지에 대해서는 결코 알려 주지 않는다. 과학은 우리에게 전적으로 기계적인 세계상(像), 목적지 없이 쉬지 않고 돌아가는 회전 목마와 같은 세계를 보여 준다. 천체로부터 원자핵 입자에 이르기까지 모든 것은 돌고 돈다. 세포는 스스로 생명체로 조직되고 그 후 부패 작용을 통해 분해되는 과정으로 끝없이 순환한다. 생명의 취득과 전달과 이동, 생명의 상실이 계속될 뿐 거기서 어떤 의미도 파악할 수 없다.

프로이트의 과학적 업적이나 과학 그 자체를 비난할 의도는 없다. 가치를 배제하는 자의적 결정이 과학의 정의이기 때문이다. 과학은 그 상태로서 정당한 작업 가설이며, 매우 생산적임을 입증했다. 하지만 결국 사람들은 과학의 출발점으로 설정된 것, 즉 끊임없이 되풀이되는 현상과 의미의 부재를 목격하게 된다. 의미는 가치의 질서에 속하기 때문이다. 자크 모노(Jacques Monod)는 「우연과 필연」(*Le hasard et la nécessité*)[71]에 호소하기에 이르렀다. 그것은 순수한 믿음의 행위다. 이제 대부분의 과학자는 과학의 한계를 인정한다. 과학은 방정식에 상응하는 시스템을 설정하고 기계적 작용을 설명하지만, 세계와 인간의 신비는 설명하지 않는다. 과학은 의학의 유용한 봉사자 역할을 하지만, 의학은 과학 이상의 것이다.

어쨌든 프로이트는 의사라는 의식이 강했기 때문에, 만년에 과학의 엄밀한 한계를 뛰어넘는 질문을 스스로에게 던지지 않을 수 없었다. 그는 싸움에서 이겼다. 정신 분석학이 의학으로 통합된 것이다. 그리하여 그의 사고는 날개를 달았다. 그는 「토템과 타부」(*Totem and Taboo*, 문예마당 역간)[31]에서 원시적 살인에 대한 가설을 과학 이론의 방식으로 제시하지 않았다. 「환상의 미래」(*The Future of an Illusion*, 효성사 역간)[32]에 대한 연구도, 「모세와 일신교」(*Moses and Monotheism*)[33]에서의 연구도, 「에로스와 타나토스」(*Eros and Thanatos*)의 신화 연구도 마찬가지였다. 그의 제자들 몇몇은 그 때문에 그를 비난했다. 나는 위 연구에 대해서는 그와 관점을 같이하지 않지만, 스스로를 틀 속에 가두어 두지 않았다는 데 경의를 표한다.

물질의 경제와 정신의 경제

하지만 적어도 우리는 대화를 시도할 수 있다. 내가 보기에 투자와 회수라는 관점에서 프로이트가 놓친 것은, 측정될 수 있는 물질적 투자와 측정될 수 없는 정신적 투자의 차이인 것 같다. 내게 동전이 한 푼 있어서 그것을 나누어 준다면 결과적으로 나는 더 이상 가진 게 없게 된다. 우리 모두 어릴 때부터 그 점을 알고 있다. 형이나 동생이 장난감을 가져가면 우리는 항의한다. "안 돼! 그건 내 거야!" 하지만 내가 사랑을 하여 그 사랑을 다른 사람에게 준다면 결과적으로 나는 더 많이 갖게 된다. 내가 용기를 갖고 있어서 그것을 내 환자에게 나누어 준다면 나는 더 많은 용기를 갖게 된다. 내가 믿음이 있어 그것을 다른 사람과 나눈다면, 내 믿음은 더욱 커진다. 이것은 물질적 세계와 정신적 세계 사이의 좁힐 수 없는 거리인 것 같다.

내가 보기에 프로이트가 놓친 것은 물리학의 역학—지금까지 이 과학에 지워진 한계 안에 있는—과는 다른 정신적 역학이다. 내가 물리학자 장 샤롱(Jean E. Charon)과, 무척 흥미롭게 읽은 그의 책 『정신, 그 미지의 세계』(*L'esprit, cet inconnu*)[1)]의 내용을 믿는다면 그렇다는 것이다. 나는 내가 아는 비유들을 써서 평소에 말하는 방식으로 물질의 경제와 정신의 경제를 대비시켰다. 하지만 샤롱을 따른다면 그것을 물리학의 언어로 다음과 같이 표현할 수 있을 것이다. 열역학 제2법칙에 의하면 물질의 경제는 늘 엔트로피가 증가하는 쪽으로 진행된다. 반면에 정신의 경제는 늘 질서가 증가하는 쪽으로 나아간다. "본질적으로 참된 우주를 구성하는" 입자인 전자(電子)는 "정신의 운반자"이며, "진화 과정에서 정보와 질서가 지속적으로 퇴보하는 우리의 물질적 공간과는 점점 더 구별되는 공간"으로 특징지어진다.

따라서 샤롱에 의하면 두 경제는 계산될 수 있고 수학 공식으로 표현될 수 있다. 하지만 그 둘은 정반대 공식을 갖는다. 물질의 경제는 고갈될 수 있지만, 반대로 정신의 경제는 더 풍성해질 수 있다. 전자는 세상의 끝을 향해 달려가고 후자는 불멸성을 향해 달려간다고 말하는 것처럼 들린다. 앙리 바벨(Henry Babel) 목사는 엔트로피와 질서라는 물리학의 개념과, 주요 종교들의 가르침을 비교하는 매우 흥미로운 시도를 했다.[5] 현재의 에너지 위기와 로마 클럽 보고서는 이 둘의 차이를 명확하게 보여 준다. 우리는 물질적 가치에만 의존한 문명이 실패하는 모습을 목격하고 있다. 모세에 대한 강연에서 리샤르도(Richardeau) 박사는 이것을 정신 분석학적 견지에서 설명한다.[88] 소비 사회는 프로이트의 '구강기'에 속해 있다. 우리는 우리의 가장 원초적인 욕구를 충족시키기 위해 아기가 엄마 가슴에 집착하듯 소비에 집착한다.

투자할수록 커지는 사랑

예수님은 이 세상의 보물이 하늘의 보물과 달리 썩기 쉽고 도둑맞기 쉽다고 경고하셨다(마 6:19). 내가 에너지를 많이 쓰면 쓸수록 내가 가진 것은 줄어든다. 하지만 도덕적 에너지를 많이 쓰면 쓸수록 나는 더 많이 갖게 된다. 사랑이 커질 수는 있지만 측량될 수는 없다는 사실을 모르는 사람이 있는가? 그렇다면 어떻게 사랑에 재투자하기 위해 그것을 회수할 필요가 있다고 이야기할 수 있겠는가?

아시시의 성 프란체스코, 성 뱅상 드 폴(St. Vincent de Paul: 17세기 파리에서 자선 수녀회를 설립한 인물—역주), 우리 시대의 테레사 수녀를 떠올려 보라. 그들이 투자한 사랑을 회수해야 했다고 생각하는가? 그 반대다. 사랑에 마음을 열면 열수록 사랑은 커진다. 프로이트 자신을 포함한 모든 의사들, 정신 분석학자인 그대들, 그리고 고통받는 자들을 위해 삶을 헌신한 다른 모든 사람들을 생각해 보라. 내가 이야기한 라가쉬 박사의 권고[63]를 따를 필요가 없는 이유는 바로 여기에 있다. 내가 아내에게 품고 있는 생생한 사랑이 나를 폐쇄적 인간으로 만들기는커녕, 신선한 자극제가 되어 내가 소명을 따르도록 하는 이유도 여기에 있다. 하기야 라가쉬 박사는 내 나이 때문에 내게 충고하려 들지는 않았을 것이다.

정말이지 나 자신을 젊은 사람들에게 본보기로 내세울 마음은 없다. 인생의 전성기에 있으며 재혼을 생각하고 있는 홀아비는 프로이트가 말했듯 "없어진 대상과의 유대를 끊어 내야" 하는 것이 분명하다— '사람' 대신 '대상'이라는 단어를 쓰는 것이 좀 불쾌하긴 하지만. 두 번째 아내는 남편이 이전 아내에게 여전히 애착을 갖고 있다고 느끼거나, 잘못된 정절 의식으로 인해 그런 내색을 하면 충격을 받을 수밖에 없을 것이다. 두 번째 아내의 아이를 거부하는 것도 너무 잔인한 짓이다. 나는 내 아버지의 두 번째 결혼 관계에서 태어났다. 내가 이 점을 언급하지 않는 것은 바람직하지 않을 것이다.

나는 나이가 들어 가면서 마음을 더욱 활짝 열어야 한다고 생각한다. 모든 상황에서, 젊은 시절의 다소 자기 중심적인 사랑으로부터 좀더 사심 없는 사랑으로 나아가야 한다. 이 두 양상—이기적이거나 이타적인—은 겉으로는 모순처럼 보이지만 모든 사랑에 공존한다. 사랑은 자발적이고 무의식적이며 계산적이지 않은 충동이다. 사람은 사랑하는 존재나 명분을 위해 자신을 희생하는 경지에 이를 수 있다. 하지만 그것은 성적 본능 혹은 모성적, 부성적, 사회적 본능과 같은 본능의 만족을 추구한다는 점에서 이기적이기도 하다. 이것을 알면, 사심이 전혀 없는 사랑을 받겠다는 생각은 하지 않을 것이다. 우리를 사랑하는 사람도 그런 식으로 사랑한다면 전혀 즐겁지 않을 것이다.

이 두 경향의 비율은 바뀔 수 있다. 앞날이 창창하게 펼쳐져 있고 성공하고 싶은 자연스러운 열망을 갖고 있는 젊은 시절에는 우리에게 유용한 사람들, 우리를 격려해 주고 좋아하는 사람들을 사랑한다. 학교에 다니는 아이들은 수학에서 좋은 점수를 받으면 그 과목을 좋아할 것이다. 그 아이는 즐겁게 수학 공부를 할 것이며 그리하여 더 좋은 점수를 받게 될 것이다. 그러면 수학 교사를 좋아할 것이고, 교사도 이 학생이 학업에서 진보를 보이고 자신을 존경하는 데서 만족감을 느끼며 그 학생을 좋아할 것이다. 이러한 상호 사랑의 연쇄 고리는 우리의 직업 생활 전체에서 찾아볼 수 있다. 무척 힘든 일이라도 상관이나 고객, 또는 동역자를 좋아한다면 쉬운 일처럼 보일 수 있다. 그 반대 상황이라면 똑같은 일도 족쇄처럼 느껴질 수 있다. 하지만 우리가 은퇴하여 이 경쟁의 장에서 빠져나오게 되면, 사랑의 지평을 넓힐 수 있다.

소유적 사랑

그런데 자기 중심적 사랑은 급속하게 소유적 사랑으로 변질되어 버린다. 이기적이지 않은 사랑이 기적을 일으킬 수 있다면, 소유욕은 파국으로 치달을 수 있다. 남편이 자기 아내가 성취감을 얻고자 하는 활동 영역에 일체 참여하지 못하도록 금한다면 그것은 소유욕 때문이다. 어머니가 자기 아이를 너무 감싸고 키워서 어른이 되는 것을 가로막는다면 그 역시 소유적 사랑 때문이다. 나는 그러한 어머니들이 자신의 소유욕이 자식에게,

자신이 가장 아끼는 바로 그 아이에게 미칠 해악을 전혀 의식하지 못하는 것을 보고 무척 놀랐다. 그들은 아이에게서 눈을 떼지 않고 모든 위험에서 보호하는 것이 아이를 위한 것이라 굳게 믿고 있다.

성적 사랑은 배타성 때문에 상당히 소유적이며, 내가 조금 전에 이야기한 물질적 경제와 비슷하다. 이런 사랑에는 몸을 준다는 물리적 측면이 있기 때문에, 투자라는 정신 분석학적 개념이 이 견지에서 정당화된다. 이 육체적 사랑의 약속이 배타적인 이유는, 단지 전통적 도덕이나 사회가 부과한 법 때문이 아니다. 그것은 인간의 마음속에 새겨져 있다. 대단히 바람기 많은 남자가 새로 정복한 연인에게 영원한 사랑을 맹세한다. 이는 그의 진심이리라! 한 여성을 선택하는 것은 다른 모든 여성을 성적인 상대로 여기지 않기로 포기하는 것이다. 물론 남자의 본성에 속하는 욕망을 포기하는 것은 아니지만 무절제하게 만족시키려 하지 않겠다는 것이다. 많은 여성이 이해하기 어렵겠지만 남성은 모든 여성을 갈망한다.

여성과 달리, 남성은 종종 자기 행동을 정당화하기 위해 자신이 두 여성을 동시에 충분히 사랑할 수 있다고 주장한다. 심지어 그는 아내에게, 아내가 자신의 비밀을 알아차린다 해도 눈감아 준다면 자신이 아내에게 더욱 자상하게 대할 것이기 때문에 그렇게 하는 것이 이로울 것이라고 말한다. 하지만 사랑은 단순히 자상하게 대하는 것이 아니다. 상담실에서 솔직한 분위기가 형성되면, 그는 그것이 똑같은 사랑이 아니라는 점을 기꺼이 인정할 것이다. 오해를 막기 위해 덧붙이자면, 예수님은 "하나님이 짝지어 주신 것을 사람이 나누지 못할지니라"(마 19:6)고 말씀하셨지만 다른 사람을 비판하는 자들에게도 엄하게—더 심하지는 않더라도—경고하셨다(눅 6:37). 그리고 예수님이 비판하는 자와 비판받는 자 모두에게 하나님의 은혜의 복음을 가져오셨다는 것을 상기시키고 싶다.

그러므로 우리 본능에 매인 성적 사랑과 정신의 요구에 응답하는 순수한 사랑 사이에는 분명히 대조적인 면이 있다. 전자는 배타적이며, 다른 것을 제외시키는 리비도(libido: 성본능·성충동을 뜻하는 정신 분석학 용어—역주)의 배타적 투자를 내포한다. 후자는 이것과 정반대다. 그것은 정신의 경제에 속하며, 철저히 반(反)배타적이고 사랑의 영역을 확대하는 경향이 있다. 당신이 이 역시 본능의 문제라고 생각한다면 리처드 도킨스(Richard Dawkins) 같은 유전학자의 글을 읽어 보라고 권하고 싶다. 그는 「이기적 유전자」(*The Selfish Gene*, 을유문화사 역간)[15]에서 우리가 유전 암호에 의해 이기적이게끔 프로그래밍되어 있다는 것을 보여 주었다. 이것이 이상주의자를 놀라게 하는 사실이라 할지라도, 직업상 현실주의자가 될 수밖에 없는 의사들은 놀라지 않을 것이라고 생각한다.

5장 난관으로 지연되는 수용

"사고(思考)는 시간을 초월하지만 감정은 시간에 구속된다."

성경 또한 현실적이다. 성경은 인간의 이기심에 대해 어떤 환상도 내비치지 않는다. 그럼에도 성경은 하나님이 그분 자신의 숨결로 이기적인 인간에게 사심 없는 순수한 사랑에 대한 열망을 불어넣으셨다고 주장한다. 그러므로 우리 모두는 유전 암호와, 하나님으로부터 받은 초자연적 사랑의 욕구 사이에서 끊임없는 갈등을 겪게끔 되어 있다. 그리스도인들에게 그 갈등의 해결책은 예수님이 보내신 성령을 새롭고 충만하게 받는 데 있다. 사도 바울은 사랑이 성령의 열매 가운데 하나라고 말한다(갈 5:22). 사도 요한은 사랑이 하나님으로부터 나온다고 말한다. "사랑하는 자마다 하나님으로부터 나서"(요일 4:7). 이 말들은 예수님과 그분의 명령을 상기시킨다. "서로 사랑하라"(요 13:34).

게다가 모든 위대한 종교는 한결같이 사랑을 가르친다. 예를 들어, 앞에서 말했듯이, 나는 부처가 어머니의 죽음에 깊이 상처받은 예민한 아이였기 때문에 인간 조건의 무상함을 일찍 깨닫게 된 것이 아닐까 생각했다. 그의 아버지는 그를 궁전에 격리시켜 놓고 질병, 곤궁, 노화, 죽음 같은 것들의 침입에서 그를 철저히 보호하려고 했다. 하지만 그는 이런 것들과의 접촉으로 인해 부처, 즉 사리를 깨우친 인간이 되었다. 그는 우리를 덮치는 이러한 고통의 문제에 대해 오랫동안 깊이 명상했고, 유일한 해답을 사심 없는 사랑, 감정으로부터 벗어나는 것, 상실을 기꺼이 수용하는 것에서 찾았다. 상실의 문제는 눈을 감는다고 해결되는 것이 아니며 그것을 용감하게 직시해야 해결된다는 것이 진리이기 때문이다.

성(性)과 사랑

에리히 프롬(Erich Fromm)도 「사랑의 기술」(*The Art of Loving*, 문예출판사 역간)[35]에서, 심리학적 관점에서 볼 때 보편적으로 확대되기 쉽고 계산적이지 않은 형제애가 성적 사랑보다 우선적이라고 주장한다. 성적 사랑은 필연적으로 그 자신의 만족을 좇는 자기 추구적인 성향의 본능을 간직하고 있다. 그렇다고 해서 성을 경멸하려는 의도는 전혀 없다. 에릭 푸크스(Eric Fuchs)는 기독교가 전파된 처음 몇 세기 동안 최고의 전성기를 누린 스토아 철학의 영향으로 성을 경멸하는 태도가 오랫동안 교회에 퍼져 왔다는 것을 보여 주었다. 하지만 이제 교회는 그런 태도에서 벗어나고 있다.[36)] 기독교는 스토아 철학을 물리치고 승리했으나 융이 지적한 현상이 일어났다. 즉, 정복자는 항상 피정복자의 마성(魔性)을 이어받는 것이다.[5)]

분명 성은 그 단어 자체가 암시하듯 생식의 측면에서 창조적이다. 하지만 인격체를 형성하는 요인으로서도 창조적이다. 그것은 종종 인격적인 관계를 맺는 시발점이 되며, 유전 암호에 의해 프로그래밍된 지독한 이기심을 이겨 내고 형제애가 승리하게 되는 출발점이 된다. 그리고 탁월한 영적 경험인 하나님, 즉 전적인 타자(他者)와의 만남으로 귀결된다.

부르봉 뷔세의 로랑스와 자크 부부는 크리스티앙 샤바니(Christian Chabanis: 프랑스 작가이자 저널리스트—역주)가 하나님의 실존에 관해 물었을 때 이에 대해 이렇게 증거했다.[8)] 남편이 말한다. "우리가 처음 만났을 때는 둘 다 불가지론자였어요. 하지만 서로에 대한 애착으로 인해 다른 시각을 갖게 되었지요… 너무나 인간다운 사랑은 우리에게 새로운 지평을 열어 주었어요. 삶에는 계산이나 합리성, 추론 이상의 다른 세계가 있다는 것을 경험으로 알았어요(이것은 나에게 일어난 일이기도 하다). 사심 없이 내어 주는 세계가 존재했던 거죠." 그의 아내는 이렇게 덧붙인다. "나는 영원한 삶, 불멸성이란 개념을 통해 하나님께로 나아왔어요. 나는 혼자 이렇게 중얼거렸죠. '내가 그토록 강하고 파괴될 리가 없다고 느끼는 현실이 몇 개의 세포 분열로 인해 사라져 버리는 일은 일어날 수 없어'라고요." 잠시 후에 그녀는 이렇게 말을 이었다. "우리가 하나님의 성품에 참여할 수 있는 길은 서로 사랑하는 거예요.…어떤 이들은 깨닫지 못하겠지만, 사람들이 서로 사랑할 때마다 자기도 모르는 사이에 하나님의 성품에 참여하게 되는 거랍니다."

테오도르 보베(Théodore Bovet)가 결혼에 관한 그의 책에서 지적했듯, 불행히도 부부간의 사랑이 언제나 하나님에 대한 사랑으로 발전하는 것은 아니다." 두 이기주의자의 결합에 지나지 않는 연인과 부부도 많이 있다. 그들의 성생활은 성공적이며 둘의 성적 욕구를 만족시켰을 수도 있을 것이다. 하지만 진정한 인격적 만남이라는 정신적 체험을 누리지는 못할 수도 있다. 그들은 결혼 생활이 삐걱거리는 와중에도 우리에게 의기양양하게 말할지도 모른다. "우리 성생활이요? **그건 좋지요**." 사실은 전혀 그렇지 못하다. 그것은 본능을 만족시켰을지는 모르나 인격 발달의 기능을 다하지는 못했을 것이다. 그것은 단지 기계적 장치로 남아 있을 뿐이다. 기술적으로는 성공하지만 실존적으로는 실패할 수 있다. 그들을 불행한 결혼 생활에서 건져 내는 것은 성이 아니다. 성의 실존적 기능은 두 성의 사회적 접촉 그리고 형제애에 의해 실현될 수 있다.

고통과의 친교

무엇이 정신적인 것인가? 그것은 그들의 이기적 투자 기제와 그 한계를 모두 뛰어넘는 것이다. 그것은 깊은 친교(communion)다. 나에게는 예수 그리스도와의 친밀한 만남을 통해 하나님과 인격적 관계를 맺는 것을 의미한다. 그것은 내 친구가 말하곤 했듯이 거만한 태도에 대한 사랑의 승리다. 즉 우리의 실제 자아를 보호하려고 썼던 가면을 벗어 버리는 것이다.

그것은 또한 타인과 자연과 아름다움, 그리고 내가 말한 비물질적이고 비기계적인 경제에 속하며 투자의 한계에 붙들리지 않는 모든 것과 깊은 친교를 나누는 것이다. 화가가 새로운 것을 탐구하는 데 자신의 재능을 투자하기 위해 초기 작품과 거리를 두어야 한다고 생각하는가? 모든 화가의 작업실에는 그가 팔고 싶어하지 않는 오래된 그림이 있다. 그는 거기에서 아름다움을 사랑하는 가운데 창조적 영감을 얻는다. 내가 첫 책을 쓴 지 40년이 지났으니 꽤 오래된 것이다.[110] 내가 그 책을 지금 다시 쓴다 해도 예전과 같은 방식으로는 쓰지 못할 것이다. 어떤 학생이 내게 유형론(typology)에 대해 질문했던 적이 있다. 나는 오랫동안 그 문제를 연구하지 않았기 때문에 무척 당황스러웠다. 하지만 그 책을 개정하고 싶었던 적은 한 번도 없다. 그 책은 나의 젊은 시절 체험이 녹아 있는 젊은 날의 외침과 같다. 작가의 처녀작을 읽지 않고 그를 이해할 수 있을까?

또한 그것은 한계가 없는 고통과의 친교이며, 고통과 상실을 받아들이는 개인의 용기다. 나는 어제 저녁 팔마에 있는 어느 호텔 넓은 식당에 놓인 작은 탁자에 혼자 앉아 식사를 하면서 그것에 대해 생각했다. 손님들 중 일을 하고 있는 사람은 나 혼자였다. 그 때 나는 매일 이 책을 쓰고 있었다. 많은 독신 여성들은 나와 같은 방식으로 휴일을 지내는 것을 포기했다고 말했다. 무척 정다워 보이는 연인이나 부부 그리고 생기 넘치는 사람들 틈바구니에서 도저히 혼자 식사할 수 없었기 때문이라는 것이다. 몇몇 사별한 여성들에게서도 그런 말을 들었다.

나는 이 모든 휴양객들을 관찰한다. 나는 그들 모두 자기만의 문제, 어떤 이들은 비극적이기까지 한 문제를 안고 있다는 것을 안다. 이들은 독자 대부분이 생각하는 것보다 더 많은 문제를 갖고 있을 것이다. 나는 인생이 어떻다는 것을 당신보다 더 잘 아는 위치에 있기 때문에 그렇게 말할 수 있다. 또 모두들 자기 문제를 내려놓고 의논할 대상이 없어서 그것을 숨기기 때문이기도 하다. 이 휴양객들은 모두 휴일의 오락거리나 집단적 자극의 도움을 받아 일시적으로 자기 문제를 제쳐 둔다. 이들은 각자 행복해지려고 노력하거나 적어도 그렇게 보이려고 애쓰면서 자신만의 작은 게임을 벌인다. 게다가 여기에는 더욱 미묘한 것이 있다. 행복하기 위해서 때로 그 반대인 것처럼 보여야 할 필요가 있다는 점이다. 다른 이들의 동정심을 끌어내기 위해서다.

이들을 관찰한 후 나는 틀림없이 내가 이들 가운데 가장 행복한 사람 중 하나라고 생각했다. 나는 창조성을 발휘하는 상태에 있었기 때문이다. 그렇게 되기 위해 자신과 조화를 이루어야 하며, 자신의 운명과 상실을 받아들여야 한다는 것을 누가 부정하겠는가? 또한 나는 내 책을 읽는 외로운 사람들이 기운을 차리고 용기를 내고 침울한 기분에 빠지지 않으며 더욱 창조적인 사람이 되기를 바랄 수 있기에 행복한 사람이다. 그렇다고 책을 써야 하는 것은 아니리라! 하지만 그렇게 하면 왜 안 된단 말인가? 그림이나 체스처럼 어떤 나이에도 글쓰기를 시작할 수 있다. 모든 사람에게는 자기만의 취향이 있다. 날 때부터 좀더 창조적인 사람이 있을 뿐이다. 그들은 침착하게 삶을 있는 그대로 받아들이는 편이며, 수동적으로 당하는 쓰라린 고독을 자발적이며 생산적인 고독으로 바꿀 줄 안다.

나는 오늘 아침 묵상 시간에 이 모든 내용을 썼다. 물론 좀더 개인적인 사항들도 있었다. 당신이 데카르트주의자라면, 그 생각이 정말 하나님으로부터 나왔는지 내게 물을 것이다. 나는 반드시 그렇다고 주장하는 것은 아니지만 본질적인 것은 하나님께 다가가는 것이라고 생각한다. 하나님의 진리를 찾다가 그분의 생각이라고 판단되는 것을 약간의 비판적인 의식을 가지고 받아들이면 된다. 모든 진리는 하나님으로부터 나오기 때문이다.

우리 자신에 관한 진리, 또한 그것을 찾는 가운데 발견하는 우리의 한계를 받아들이는 것은 우리의 상실을 받아들이는 것보다 결코 더 쉬운 일이 아니다. 내 경우나 프로이트의 경우 애도 작업은 현실을 받아들이는 것이다. 이것이 프로이트에게 전환점이 되어 그는 쾌락 원리에 현실 원리를 덧붙였다. 따라서 경험의 영역에서 프로이트와 나는 함께한다. 이론과 교리는 인간을 분리시킨다. 감정은 인간을 연합시킨다. 행복도 종종 그런 역할을 하며, 아무도 피해 가지 못하는 고통도 그러하다. 말년에 프로이트는 질병과 계속되는 수술로 인해 너무 괴로워 이렇게 중얼거렸다. "더 이상 못 참겠어!" 그 이야기를 읽고는 그와 얼마나 가깝게 느꼈는지!

나는 그의 곁에 있는 것 같고, 또한 직업 생활을 통해 만난 고통받는 이들, 동정심을 불러일으켰던 이들, 나로 하여금 자신의 고통을 함께 나눌 수 있게 해주어 내가 삶에 대해 알고 있는 모든 것을 실제적으로 가르쳐 주었던 사람들 곁에 있는 것 같다. 또한 나는 이 글을 읽을 낯선 독자들, 질병, 신체 장애, 양심의 가책, 가혹한 슬픔 같은 상실로 인해 고통당하는 이들 가까이에 있는 것 같다. 하지만 이것이 얼마나 미묘한 문제인지 알아야 한다. 내가 이들에게 현실을 받아들여야 한다고 말한다면 이들은 상처를 입을 것이다. 갑자기 그 사람은 나와 무척 동떨어져 있으며, 내가 그를 이해하지 못한다고 느낄 것이다. 그는 내가 자신의 고통을 헤아리지 못한다는 인상을 받을 것이다. 고통받고 있지 않거나 당사자만큼 고통스럽지 않은 사람은 "받아들여야 해요"라고 말하기 쉽다. 하지만 나는 내가 그 누구에게도 그렇게 말하지 않았다고 생각한다.

자발적인 수용

그럼에도 인생의 시련을 숙고하는 이 시점에서, 시련을 받아들이는 것에 대해 말해야겠다. 수용은 우리 성장에 아주 중요한 역할을 하기 때문에 내가 쓴 모든 책에서 그 문제를 조명했다. 그것은 내 처녀작 「인간 치유의 심리학」(*Médecine de la personne*, 보이스사 역간)[110]의 주제이기도 했다. 나는 신체 장애나 심리 기능의 문제와 연관되는 질병보다는 전(全) 인격과 연관되는 질병이 무엇인지 스스로에게 물었다. 곧바로 모든 종류의 거부가 미치는 해로운 영향이 머릿속에 떠올랐다. 그것은 나이, 성(性), 배우자나 부모, 어떤 시련이나 실패, 자신이 저지른 실수 등을 받아들이지 않는 것이다. 간단히 말해 자신의 운명을 거부하는 것이다. 그래서 나는 받아들임에 대해 말해 왔다. 하지만 젊은 시절의 열정으로 흑과 백 사이에 놓인 다양한 명암을 놓쳤고, 현실을 받아들이기 위해서는 종종 오랜 변화 과정을 거쳐야 한다는 것을 알지 못했다. 내가 이야기했듯, 반감을 가진 사람에게 수용에 대해 설교하면 그의 감정을 자극할 뿐이다.

첫 번째로 주목해야 할 점은, 받아들이는 것을 특별히 더 어려워하는 사람들이 있다는 사실이다. 대개 그들은 어린 시절의 환경으로 인해 자신을 의심하는 성향이 있다. 그들에게는 모든 사람에게 필요한 자기 확신과 안정감이 부족하기 때문에, 어떤 어려운 사건이 그들을 파멸시킬 수 있다. 게다가 어떤 이들은 내가 자주 목격했듯, 큰 시련은 상당히 잘 견디지만 사회 생활에서 발견되는 작은 모순에 대해서는 잘 참지 못한다. 무척 사소한 문제도 그들을 심각하게 자극할 수 있다. 내 아내가 그랬다. 아내는 사소한 문제를 나만큼 잘 받아들이지 못했으며 그런 자신을 책망했다. 아내는 그런 면에서 자신에게 아주 부당했다. 내가 보기엔 별 이득이 없었기 때문이다. 그것은 악순환을 조성하고, 수용하는 것을 더욱 어렵게 만들었다.

아무도 아내에게 "받아들여야 해"라고 말하지 않았지만 아내는 스스로 그렇게 말했고 받아들이지 못하는 자신을 비난했다. 가끔은 나도 저지르는 실수이지만, 그런 말에서 잘못된 것은 '해야 한다'는 표현이다. 그것은 현실을 받아들이는 것을 명령이나 도덕법 혹은 단순한 우정의 충고로 만들어 버린다. 명령한다고 해서 상대방이 받아들이는 것은 아니다. 받아들임은 결코 외부에서, 다른 사람의 재촉에 의한 체념에서 나오는 것이 아니다. 그것은 안에서, 즉 완만한 내면적 변화에 의해 일어나는 과정이다.

그런데 삶에서 닥치는 불행한 사태 중에서도 다른 것보다 더욱 가혹해서 받아들이기가 더욱 어려운 일이 있다. 우리가 마치 인생의 시련들이 모두 비교 가능한 것인 양 추상적으로 이야기한다면 그것은 객관성이 부족한 것이다. 아내를 잃었을 때 나는 76세였다. 그것은 40대에 아내와 사별하는 것과는 무척 다를 것이다. 이와 마찬가지로 자식이 몇 살에 죽었는지에 따라 죽음의 의미가 달라질 것이다. 그런데 우리에게 닥친 불행이 가장 크게 달라지는 것은 그것이 자연적 원인으로 일어났는지 아니면 사람들의 불의로 인해 일어났는지에 관련되어 있다. 후자의 경우 현실을 받아들이는 것은 비난받을 만한 직무 유기일 수도 있다. 그것은 심각한 양심의 갈등을 일으킨다. 나는 「저항할 것인가 아니면 항복할 것인가?」(*Tenir tête ou céder*)[108]에서 이 문제를 상기시켰다. 당사자만이 그 문제를 해결할 수 있다. 당신은 예수님이 겟세마네 동산에서 겪으셔야 했던 내면의 투쟁에 대해 잘 알 것이다(마 26:36 이하).

하나님만이 우리에게 받아들이라고 요구하실 수 있는 것이 있다. 받아들이는 일을 가능하게 하고 우리를 그 과정으로 이끌어 가는 것이 그분의 사랑이기 때문이다. 그러면 애도 작업이 곧 하나님의 사역인가? 나는 그렇다고 확신한다. 내게 고아라는 조건을 받아들이라고 말한 사람은 아무도 없었다. 지금처럼 아내를 잃은 것에 대해서도 마찬가지며, 이 두 시련 사이에 겪은 다른 많은 시련에 대해서도 그랬다. 그렇다면 누가 나를 도와주었는가? 바로 조금 전에 이야기했듯이 나를 너무나 사랑해서 내게 하나님의 사랑까지 보여 주었던 이들이다. 누군가 삶의 시련을 겪을 때 그들이 그것을 받아들이도록 돕는 도구는 권고가 아니라 사랑이다.

그것은 보편적인 진리다. 믿는 자들은 사랑을 독점하지 않는다. 중요한 것은 우리 환자들에게 하나님의 사랑에 대해 많은 말을 하는 것이 아니라, 우리 스스로 그들을 사랑하는 것이다. 예수님은 그 점을 분명히 하셨다. 그분이 드셨던 단순한 비유, 두 아들에게 포도밭에 나가 일하라고 시킨 아버지 이야기를 생각해 보라. 한 아들은 하라는 대로 하겠다고 말해 놓고선 가지 않았다. 다른 아들은 가지 않겠다고 말해 놓고선 갔다(마 21:28-30). 여기서 두 번째 아들은, 불신자로 자처하지만 환자에게 큰 사랑을 실천하는 의사와 같다. 그는 자기도 모르는 사이에 환자들에게 하나님의 사랑을 드러내는 도구가 된 것이다.

유예된 수용

하지만 수용은 유예를 요구하며, 우리는 그 점을 등한시해서는 안 된다. 나는 그 때문에 앞서 이야기한 모니크 크레스만의 말에 큰 감명을 받았다. 사고(思考)는 시간을 초월하지만 감정은 시간에 구속된다. 우리는 사고를 통해, 모든 고난이 늦게라도 열매 맺는 모습을 볼 수 있다. 바꾸어 말하면, 상실로부터 창조성이 흘러나오기도 한다는 것을 알 수 있다. 내 책의 주요 대상은 나의 동료들이며, 또한 그들처럼 불행을 당한 사람들을 돕는 일에 종사하는 모든 사람들이다. 나는 이들에게 더 장기적인 안목을 갖고 미래에 있을 수확을 바라보라고 권면한다. 그리하여 이들이 더욱 열의를 갖고 지금 하고 있는 일을 할 수 있었으면 좋겠다.

하지만 우리는 아직 수확의 단계에 이르지 않았다. 지금은 땀을 흘릴 시간이다. 환자의 마음이 괴로움과 분노로 가득할 때 수용에 대해 이야기한다면 우리 자신과 환자들 사이에 벽을 쌓게 될 것이다. 그들이 아직 장기적인 안목을 가질 수 있는 단계에 있지 않기 때문이다. 우리는 그들과 보조를 맞추어야 한다. 지금은 우리 환자들이 보이는 반항심에 대해 연민을 갖고 그것을 이해할 때다. 다행스럽게도, 환자와 충분히 보조를 맞추면서 동시에 더 멀리 내다보는 것이 가능하다. 그것은 아마도 교육의 열쇠이듯 심리치료의 열쇠이기도 할 것이다. 진정한 수용이라는 목표에 도달하기 전에 많은 단계를 거쳐야 한다. 나는 사람들이 현실을 빨리 받아들이도록 스스로를 몰아붙이는 모습을 보아 왔다. 심지어 실제로는 다른 사람들이나 자기 스스로 가하는 압력 때문에 분노를 억압하고 있을 뿐인데도 현실을 받아들였다고 믿는 사람들도 있었다.

죽음을 수용하는 심리적 단계

예를 들어 최고 단계의 수용인 죽음의 수용에 대해 살펴보자. 엘리자베스 쿠블러 로스(Elisabeth Kübler-Ross)는 이 주제를 명석하게 고찰했다.[61] 그녀는 죽음의 문턱에 있는 환자들과 대화를 나누는 일에 헌신하여, 그들 자신의 감정과 관심사를 털어놓을 수 있게 해주었다. 지금까지 환자의 의사나 부모나 친구들은 환자의 사기가 떨어지지 않게 하려고 관심을 다른 데로 돌려 죽음과 관련 없는 전혀 다른 주제에 대해 이야기하려고 했다. 그러나 실은, 쿠블러 로스 부인이 우리에게 확실히 깨우쳐 주었듯이, 실제적인 대화와 그로 인해 생길 감정을 두려워하는 것은 바로 우리였다. 그녀는 심지어 어떤 목사님은 개인적인 대화를 시작하는 것보다 시편을 읽어 주는 것이 더 편안해서 그렇게 했다는 이야기를 했다. 여기서 미셸 발린트(Michael Balint)가 어떤 의료 행위에 대해 한 말이 떠오른다.[6] 그는 이렇게 물었다. "여러분은 누구를 안심시키려고 하는 겁니까? 여러분의 환자입니까, 아니면 여러분 자신입니까?" 실제로, 내가 죽어 가는 어떤 사람들의 말을 경청해 주었더니 그들이 용기를 내어 마음을 열어 보였던 기억이 난다. 나는 그들에게 진지하게 반응해 줄 수 있었다. 많지는 않지만 나는 그들을 결코 잊지 못할 것이다.

쿠블러 로스 부인은 죽음을 향해 이렇게 변화되어 가는 단계들을 잘 보여 주고 있다. 환자는 자신이 회복될 가망이 없다는 것을 알거나 짐작하게 되면 제일 먼저 충격에 휩싸인다. 그 다음에는 부정의 단계를 밟는다. 그 사실을 믿고 싶어하지 않는 것이다. 그리고 나서 반항과 분노의 감정이 생긴다. 왜 하필 나란 말인가? 왜 하필 지금이란 말인가? 하지만 분노는 무력해지며 곧 낙담과 우울한 감정으로 진행한다. 그 다음에는 새로운 국면이 펼쳐진다. 이는 저자가 타협의 단계라 부르는 것인데, 환자가 항복이나 체념에 의해 운명을 진정시키기를 바라는 것으로 보인다. 쿠블러 로스 부인은 이 긴 여정을 거쳐 환자가 평온한 수용의 단계에 이른다고 본다. 이 시점에 그녀가 탈집중[decathexis: 프로이트의 용어 '집중'(cathexis)에서 응용한 단어. 여기서 집중이란 심리적 에너지를 어떤 것에 소모하는 것을 뜻한다—역주]이라고 부르는 변화가 종종 발생한다. 이것은 일종의 거리를 두는 것으로, 죽어 가는 사람이 산 자의 세계에 전혀 속해 있지 않은 것처럼 느끼는 것이다. 그러면 더 말할 필요가 없어지고 죽어 가는 자의 손을 자상하게 붙들어 주기만 하면 된다.

알다시피 자유를 가져다 주는 성장은 언제나 시간을 필요로 한다. 여러 변형된 양상이 나타나기는 하지만, 우리는 받아들이기 어려운 모든 현실에 접근해 가는 과정에서 쿠블러 로스 부인이 이야기한 단계들을 다시 발견하게 된다. 우리 의사들은 대다수 환자들에게서 그 모습을 발견한다. 그들은 부정의 단계로 시작한다. 그들은 자신이 아프다는 것을 인정하고 싶어하지 않으며, 종종 자신이 건강한 상태인 양 평상시처럼 활동하려고 발버둥친다. 나도 가끔 그렇게 한다. 때로 가족들이 온갖 이유를 붙여서 그들을 의사에게 데려와야 하는 상황이 벌어지기도 한다. 그리고 나면 분노와 반항심이 생길 것이다. 그렇다! 그들로 하여금 자기 감정을 표현하고 우리가 이해한다는 것을 느끼게 해야 한다. 하지만 받아들이라는 말은 아직 하면 안 된다.

파혼을 하고 충격에 빠진 젊은 여성이 있다. 그녀는 자기 나이에는 결혼할 기회가 드물다는 것을 안다. 그녀는 신경질적으로 자신의 슬픔을 부인하며, 남편과 자식 없이도 행복하게 살 수 있다고 선언한다. 그녀는 성실하며, 나는 그런 그녀를 축하해 줄 수 있다. 행복을 일구는 데 삶의 환경보다는 우리 자신이 더 큰 역할을 한다는 것을 알기 때문이다. 하지만 그녀는 자신이 미혼이라는 사실을 진정으로 받아들인 것이 아니다. 나는 그녀가 몇 년 간 분노와 침체와 타협의 시기를 거쳐 진정으로 현실을 수용하게 되는 과정을 보게 될 것이다.

노화의 수용

사회학 연구소의 학생인 디디에 뒤뤼(Didier Duruz)는 쿠블러 로스 부인의 모델을 응용해 노화의 수용에 대한 연구 보고서를 썼다.[23] 나는 이 주제에 대해 강연해 달라는 요청을 상당히 자주 받는다. 스위스에서는 민영 회사든 공영 회사든 큰 회사들이 퇴직 준비라는 주제로 직원 세미나를 마련하고 있기 때문이다. 이런 데서 강연하는 일은 특별히 흥미로웠다. 사회의 작은 부분을 대표할 뿐인 대학교나 교회나 다양한 동호회에서 강연하면서 내가 익숙하게 만나 온 사람들과는 아주 다른 부류의 청중을 만날 수 있기 때문이다. 보통 전자에 속하지 않은 사람들은 이런 강연이 지식인을 위한 것이라고 생각하여 거의 들으러 가지 않는다. 그러다가 강연이 모든 사람에게 공통적인 문제를 다루는 것을 보고 그들은 놀라게 된다. 공통적인 문제란 사람들이 은퇴로 인해 수많은 세월 동안 자신에게 의미를 주었던 일을 갑자기 끝내야 할 때 질문을 던지게 되는 인생의 의미 같은 것이다.

나이가 들어 가는 것이 냉혹한 현실임을 깨달으면 먼저 충격에 휩싸이게 된다. 나는 어떤 매력적인 아가씨가 버스 좌석에서 일어나 내게 자리를 양보해 주던 날을 생생하게 기억한다. 이런 경험은 그 때가 처음이었다. 아! 더 이상 나는 아가씨가 예의 바른 칭찬이나 격려를 기대하게 되는 그런 남자가 아니었다. 그저 동정받는 늙은이가 된 것이다.

하지만 디디에 뒤뤼가 연구 보고서에서 묘사하는 충격은, 내가 겪었듯이 나이 든 남자가 경험하는 것만은 아니다. 그 자신이 젊은 사회복지학도로서 노년 의학 과정을 이수하면서 충격을 경험했다. 그는 갑자기 노년의 형상과 딱 마주쳤다. 우리 사회가 대중 앞에서 숨기려 하는 바로 그 장면, 육체적으로, 특히 정신적으로 쇠락의 기운이 완연한 스무 명의 노인의 모습이었다. 즉시 내 머릿속에, 그의 연구는 자신을 그 충격에서 치유하려는 일종의 치료 활동이었다는 생각이 스치고 지나갔다. 그런데, 그가 이 논문을 변론해야 하는 구술 시험에 내가 심사 위원으로 가게 되었다. 나는 그의 체험을 부처의 체험에 비유했다.

부처의 아버지는 자기 아들이 그런 광경에 직면하는 것을 걱정하며 그것에 노출되지 않도록 막았다. 이는 서구 사회가 병자와 장애인과 가난한 자와 노인들을 일상적 활동에서 차단해 버린 것과 같다.

따라서 뒤뤼의 논문은 동시에 두 가지 이야기를 담고 있다. 그것은 먼저 그가 목격한 노인들의 이야기다. 그들은 쿠블러 로스 부인이 묘사한 모든 단계를 거쳐 점차 수용의 경지에 도달할 것이다. 그리고 디디에 뒤뤼 자신의 이야기가 있다. 그는 9개월(바로 창조성을 상징하는 숫자가 아닌가?)의 연구 과정 기간에 서서히 성숙하여 삶의 의미를 이해하게 되었다. 그것은 '소유'(having)에서 '존재'(being)로 진행하는 것이다. 또한 청년기와 중년기의 탐욕에서 벗어나 온갖 종류의 포기-상실-를 거쳐, 하고 있는 일, 성취한 것, 소유한 것에서 자신의 정체성을 찾는 것이 아니라 자신 안에서 찾는 단계로 나아가는 것이다. 그는 "늙어 가는 것은 존재하는 것 그리고 완전한 탄생을 향한 어쩔 수 없는 변천으로 보아야 한다"고 쓰고 있다. 이 마지막 표현은 에리히 프롬을 인용한 것이다.[30]

물론 그가 만난 노인 모두가 가엾게 늙어 가는 것은 아니었다. 그는 역시 잘 드러나지 않는 사람들을 만났는데 앞서 언급한 노인들만큼이나 인상적이었다. 그들은 육체적으로는 쇠약하고 현대인들이 무척 자랑스러워하는 것들-지식, 부, 명예, 활동, 힘-을 모두 상실했지만, 삶과 평화, 심지어 행복의 향기를 발산하고 있었기 때문이다. 내가 진료 활동을 시작하고 초기에 만났던 환자 하나가 생각난다. 그 때 나는 사회복지국의 외래 환자 진료부에서 인턴 의사로 일하고 있었다. 내가 맡은 환자는 영국인 독신 할머니였는데, 어떻게 하다 제네바까지 왔는지 모르겠지만 빈민가의 초라한 방에서 마비된 몸으로 의자에 앉은 채 마지막 생을 보내고 있었다. 유일한 방문객은 복지국 간호사 베어린(Wehrlin) 양과 나였다. 하지만 나는 거기 가는 것을 늘 좋아했고, 용기와 기쁨이 가득 차 돌아오곤 했다. 분명히 그녀의 비밀은 현재 삶을 수용하는 데 있었고, 수용의 원천은 신앙심이었다. 그 당시 나의 신앙은 살아 있는 것이라기보다 이론적이었기 때문에 그녀의 신앙에 끌릴 수밖에 없었다.

6장 분노

"극심한 통증을 느낄 때
단지 고통을 받아들여야 하는 것이 아니라
'그 안으로 들어가야' 한다."

따라서 이 책에서 내가 묘사하고 있는 시련들은 우리 자신이 개인적으로 경험하는 것만이 아니라, 다른 이들에게도 닥치는 것이며, 그들은 우리만큼이나 가련해 보인다. 우리 환자들은 우리가 인간의 상황을 들여다볼 수 있는 마법의 거울과도 같다. 어떤 환자들을 치료할 때면 나는 이렇게 중얼거릴 수밖에 없다. "이런 불행이 내게 일어나지 않을 수만 있다면…." 혹은 노인을 치료하면서 "이렇게 끝나지 않을 수만 있다면!"이라고 되뇌곤 한다. 나는 내 나이 사람들이 두려워하는 것은 죽음 자체라기보다 죽음을 맞이하는 방식이라는 것을 잘 알고 있다. 우리는 고통을, 무엇보다 점점 더 쇠약해지는 것을 두려워한다. 이는 특별한 종류의 자만심이 아닌가? 틀림없이 그렇다. 나는 내 죽음이 내가 바라는 방식으로 찾아오지 않을 수 있다는 사실을 받아들여야 한다는 것도 잘 알고 있다.

하지만 내 환자였던 영국인 할머니와 같은 사람들도 있다. 사람들은 그런 이들을 보면 "나도 그렇게 현실을 받아들이고 신앙을 지켜 끝까지 평정을 유지할 수 있다면!"이라고 말하게 된다. 이 역시 자만인가? 물론 그렇다. 전도서 기자는 헛되다고 말할 것이다(전 1:2). 하지만 유익함도 있다. 삶의 법칙에 대한 직관적 인식을 얻을 수 있는 것이다. 반항은 전염성이 있는데 수용 역시 그러하다. 받아들일 수 있는 사람은 행복한 사람이다. 무엇보다 내면의 평화를 찾아서 자신에게 이롭고, 또한 다른 이들이 현실을 받아들이는 것을 도울 수 있기 때문이다.

분노와 수용의 관계

그렇지만 우리의 논리적인 생각처럼 분노와 수용이 모순적인 것은 아니다. 논리는 감정과 아무런 관계가 없다. 분노와 수용은 이론상으로는 모순적이지만 실제로는 포크댄스를 추는 사람들처럼 서로 손을 잡고 있다. 쿠블러 로스 부인과 디디에 뒤뤼 그리고 모든 정신 분석학자들은 우리에게 분노와 분노의 분출 과정을 거쳐야만 수용 단계에 이를 수 있다고 가르친다. 수용의 가장 큰 장애물은 표현할 용기가 없어서 억압된 분노다. 많은 심리치료가 이렇게 억눌린 분노를 분출시킨 뒤에야 효과를 발휘한다. 아르투르 하노프(Arthur Janov) 박사는 말로만이 아니라 극적인 동작으로 분노를 표현하게 하는 것을 치료 기술의 원리로 삼았다.[52]

인격 의학 학회가 개최했던 어떤 세미나에서 있었던 일이 떠오른다. 어느 젊은 동료가 자신의 불행한 어린 시절에 대해 이야기하더니 갑자기 자기 어머니에 대해 격하게 분노를 터뜨렸다. 모든 청중이 무척 당황스러워했다. 내가 회의를 주재했는데 많은 동료들이 내 눈치를 살폈다. "그를 좀 말려요. 도저히 참을 수 없군요"라고 말하는 듯했다. 하지만 나는 묵묵히 그냥 있었다. 나는 사람들이 이런 모임에 참석해 보지 않았다는 것을 알고 있었다. 그들은 일상적인 의학 학회에 참석해서 과학적이고 세련된 발표에 귀기울였을 뿐이다. 그것은 아주 유용할지는 모르지만 모든 개인적인 감정을 배제한다. 하지만 나는 그 곳에 온 사람들이 인격적 접촉의 비밀을 배우러 왔다는 것을 알았다. 그런데 그렇게 하려면 그들 스스로 인격적 접촉을 경험하고 감정 표현에 대한 두려움을 극복해야 한다.

디디에 뒤뤼는 분노에 대해 할 말이 많다. 그는 놀라운 이야기를 하고 있다. 그는 어느 불쌍한 노인을 돌보러 갔는데, 남부럽지 않고 안정적이며 행복했던 그 노인의 삶은 연달아 찾아온 가혹한 불행으로 인해 와르르 무너져 버렸다. 딸의 이혼, 강제 퇴직, 아내의 죽음, 뇌졸중으로 인한 언어 장애. 대화는 사실상 불가능했다. 그는 이탈리아 태생이었고, 몇몇 단어만 불어와 이

태리어 발음 사이에서 왔다갔다 하며 우물거렸기 때문에 알아듣기가 더 어려웠다. 철저한 고독. 그는 더 이상 자주 찾던 카페에도 가지 않았다. 그가 말하는 것을 아무도 알아듣지 못했기 때문이다. 이렇게 대화가 불가능한데 어떻게 접촉이 이루어질 수 있단 말인가? 뒤뤼는 격한 감정에 휩쓸렸다. 그는 주먹으로 탁자를 내리치며 말끝에 힘을 주어 "이건 정당하지 않아. 정당하지 않다고…" 하고 말했다. 그러고 나서 그는 노인의 눈이 반짝이는 것을 보았다. 그는 자신의 분노에 이 노인을 동참시킬 수 있었던 것이다.

그렇다. 분노는 표현해야 한다. 뒤뤼가 논문 구두 심사를 치르는 동안 그 생각이 나를 강하게 사로잡았다. 그 곳에 있는 모든 교수와 학생과 사회복지사는 줄곧 현대 사회의 불의 그리고 관료주의에 직면했다. 그들은 서로 분노를 표현하며 계속 이 문제에 몰두했다. 뒤뤼가 용기를 내어 자신의 분노에 대해 이야기했기 때문이다. 그것은 "우리 사회에 너무나 깊이 뿌리박힌 사물화(reification: 사회 관계들을 사물의 속성들로 응결시키는 과정 – 역주) 원리"에 대한 분노이며, "의료 제도 내부에 군림하는 의료계의 권력"에 대한, 기타 그와 같은 것들에 대한 분노다.

'프리츠 분노' 씨 이야기

나는 방금 막 프리츠 초른(Fritz Zorn) – 이 필명은 '프리츠 분노'(Fritz Anger)라는 의미다—의 「화성」(Mars)[116]이라는 흥미로운 책을 읽었다. 그의 분노는 내가 언급한 사회복지사들의 분노와 동일한 것이다. 단지 그가 취리히의 도레 강 부근 상류층 구역에 자리잡은 부유한 가정 출신이라는 것만 다를 뿐이다. 그는 스위스에서 찾아볼 수 있는 순응적이고 인습적이며 절대 권력을 행사하는 사고 방식 전부를 격렬히 비난했다. 이러한 사고는 사회 계급의 정상에 있는 이들로부터 사회복지 행정의 대상이 되는 소외층에 이르기까지 개인적 삶을 누릴 가능성, 한 인격체가 될 가능성을 모조리 억누를 수 있다고 했다.

프리츠 분노는 암으로, 더 정확하게 말하자면 악성 임파종으로 죽어 가고 있던 서른두 살의 나이에 이 책을 썼다. 그는 이 질환이 어린 시절부터 앓아 온 병의 '자연적' 결과라고 생각했다. 그는 딱히 달리 부를 말이 없어서, 이 병을 '우울증'이라고 불렀다. 물론 그것은 자신의 개인적 생각으로 제시한 것일 뿐이다. 그러나 이런 생각을 반박할 수가 없는데, 지금까지 암이 발전할 수 있는 환경이 있다는 사실만 알려졌지 명확하게 암의 원인으로 밝혀진 것은 없기 때문이다. 나는 어느 미국인 동료가 암의 원인이 심리적인 것 같다고 말하는 것을 듣고 놀랐던 기억이 있다.

그렇지만 프리츠 분노는 이전보다는 한결 나아졌다고 쓸 수 있게 되었다. 그는 특정 이름을 가진 병으로 공식적인 인정을 받고 나자 안심이 되었던 것이다. 30년 동안 병명을 모른 채, 적어도 어떤 종류의 병인지도 모른 채 병을 앓아 왔기 때문이다. 그것은 규명되지 않은 질병으로, 나는 그것을 한 인격체가 되지 못해서 생긴 병이라고 부르고 싶다. 그는 자신이 몸담았던 집단을 묘사했는데 거기서는 모든 것이 조화의 필요에 희생되어야 했다. 갈등 없고 조화로운 삶을 위해 가정에서나 외부 사람들 사이에서 개인의 의견을 내놓는 것을 포기해야 했다. 결과적으로 사적 의견을 가질 수 없는 상태가 되었다.

어떤 사람이 그의 어머니에게 질문을 하면 그녀는 남편과 다른 견해를 내놓지 않으려고 남편의 심중을 알 때까지 모호하게 대답했다. 게다가 남편의 의견이라는 것도 그 자신의 신중한 생각이 아니라 집단적 견해, 소속 사회 전체에 퍼져 있는 편견의 집합이었다. 그리하여 종교, 돈, 성(性)처럼 개인적 판단을 요구하는 주제는 '너무 복잡해서' 논의하지 말아야 한다는 이유로 금기시되었다. 그것을 대가로 조화가 유지되었다. 그 조화는 불협화음의 선율이었으며, 진정한 개인적 삶을 전혀 허용하지 않았다. 그래서 작가는 자기 부모와 아무런 문제도 없었다고 쓸 수 있었다.

모든 사람에게 깍듯하게 행동하는 착한 소년. 그러나 사랑을 할 줄 모르는 아이. 그는 대학에 가서도 잘 해 낼 수 있었고, 박사 학위도 취득했으며, 교사가 되었고, 청중에게 웃음을 선사하는 희곡을 썼다. 그러나 그 자신은 결코 웃지 않았고 지루해 죽을 지경이었으며 외롭고 우울한 감정에 빠져들고 있었다. 그는 심리치료의 도움을 받아 어느 정도 개인적인 삶을 살기 시작했을 뿐이었다. 그 때 그는 자신을 둘러싼 외적 환경에 공허함이 숨어 있는 것을 발견하고 두려움에 떨었다. 그는 무의식 속에 억압되어 있던 분노를 표현했으며 죽기 직전에 이 걸작을 썼다. 창조성이 터져나온 것이다.

진정한 조화

성경을 펼쳐 보라. 모세, 욥, 시편 기자들, 선지자들은 모두 거룩한 분노로 가득했다. 예수님도 성전에서 돈 바꾸는 자들을 보고 분노하셨다. 당신은 내가 인간과 인간의 불의에 대한 분노와, 하나님에 대한 분노를 혼동하는 실수를 저지르고 있다고 비난할지 모른다. 안됐지만 그 둘 사이의 경계는 그리 뚜렷하지 않다. 우리는 하나님을 전능하신 분으로만 인식하기 때문에, 우리 자신과 환자들은 신자든 불신자든 자신이 받아들일 수 없는 모든 사태, 자연적 혹은 사회적 재난을 궁극적으로 그분 탓으로 돌린다. 모세는 금송아지 상 앞에서 율법을 새긴 돌판을 내던져 깨뜨렸지만(출 32:19), 그는 그 전에 불타는 떨기나무 옆에서 하나님과 그분이 요구하신 사명에 반발하여 거칠게 대항했던 적이 있었다(출 3:11). 그리고 예레미야처럼 매우 소심한 선지자들은 하나님이 그들에게 예언을 하며 그분의 분노를 드러내라고 명령하셨을 때 하나님에 대해 격분했다. 시편에는 하나님에 대한 열정적인 찬미와 비난이 극적으로 함께 녹아 있다. 이와 같이 성경은 갈등, 즉 인간 사이의 갈등, 하나님과 인간 사이의 갈등으로 가득하다. 그리고 분노를 터뜨린 후에야 진정한 조화, 신앙의 조화가 일어난다.

또한 당신은 내가 분노라는 말을 할 때 미묘한 것을 놓치고 있다고 생각할 것이다. 항의, 논쟁, 고뇌, 의문의 제기 등으로 적절히 표현했어야 한다는 것이다. 하지만 나는 사안이 근본적인 만큼 미묘한 것을 생략한 노선을 취할 것이다. 내가 볼 때 수용은 '예'이며, 그 나머지는 모두 '아니오'이기 때문이다. 그런데 이러한 '예'와 '아니오'가 필연적으로 연결되어 있기 때문에 인간 본성이 근본적으로 모호한 것이 아닌가? 무척 흥미로워 보이는 예를 하나 들어 보자. 그것은 예수님이 십자가 위에서 마지막에 하신 두 말씀이 대조적이라는 것이다. "나의 하나님, 나의 하나님, 어찌하여 나를 버리셨나이까?"(마 27:46), "아버지여, 내 영혼을 아버지 손에 부탁하나이다"(눅 23:46). 최후의 순간에 예수님은 인간의 운명인 '예'와 '아니오' 사이의 긴장을 체험하셨다. 내가 볼 때, 모든 반항 뒤에는 현실을 받아들이고 싶은 무의식적 열망이 숨어 있는 것 같고, 모든 수용 행위는 반항심으로부터 달아오르며 거기서 태어난다.

많은 사람이 내게 말하기를, 악의 횡포를 보면서, 또 자연 재해와 인간의 불의에 무고하게 희생된 자들을 보면서 분노를 느끼기 때문에 하나님을 믿을 수 없다고 했다. 나는 그 문제에 대한 해답을 갖고 있지 않다. 하지만 그들은 느끼지는 못하나 믿는 자인 것 같다. 초보적인 수준이지만 어쨌든 믿음이 있다. 크리스티앙 샤바니는 하나님의 존재 문제와 관련해 유명한 학자들을 인터뷰하고 나서, 얼마 전에 외동딸을 잃은 90세 과부 마리 잔느 퐁탈(Marie-Jeanne Pontal)에게 질문을 던졌다.[10] 그는 그녀에게, 슬픔에 빠져 하나님을 비난하고픈 유혹을 느낀 적이 있느냐고 물었다. 그러자 그녀는 "우리가 그분을 비난한다는 것은 그분이 존재하심을 여전히 믿는다는 것을 의미합니다"라고 대답했다. 나 또한, 무신론자로 자처하는 몇몇 환자들이 신자들보다 하나님을 더 진지하게 대하는 것을 느낀 적이 있다. 그들은 성경이 말하는 내용과 우리가 반복하는 말, 곧 하나님은 사랑이시라는 것을 진지하게 생각했다. 어쨌든 그것은 신조(信條)의 출발점이다.

안으로 들어가다

많은 신자들의 개인사를 들여다보면, 거룩한 반항이 하나님과의 신실한 만남으로 가는 첫 발걸음이었다. 우리는 하나님이 화를 내시고 후회하신다(출 32:14)는 말을 듣는다. 나 역시 논쟁을 하다 가장 귀한 친구 하나를 얻은 경우가 있다. 실제로 나는 자신에게 닥친 불행에 대해 다시 한 번 반항심이 끓어오르는 것을 느낀 신자들을 다독거린 적이 자주 있었다. 그들은 비극적 사별이나 결혼의 실패나 신체 장애 같은 시련을 분명히 받아들였다고 생각했지만 다시 반항심이 생긴 것이다. 그들은 그런 감정이 신앙의 퇴보라며 자신을 비난한다. 그러나 그것은 더 큰 성숙의 징표요, 더 완전한 수용으로 가는 단계였다.

그런데 '예'와 '아니오'는 일종의 변증법적 관계에 있다. 시련 앞에서 망설이지 않고 즉각 '예'라고 말할 수 있는 사람들이 있다. 특히 아이들이 그렇다. 그것은 은혜의 선물이다. 하지만 너무나 자주 둘 사이에 싸움이 일어난다. '예'라는 말은 '아니오'와 힘겹게 싸워 이긴 후에만 선언할 수 있다. 그것은 금세 알아차릴 수 있다. 힘든 싸움 끝에 수용하는 경우와, "반항해 봐야 무슨 소용이 있어? 그냥 받아들여야 해"라고 항복하듯 말하는 사람 사이에는 큰 차이가 있다. 두 번째 반응은 체념일 뿐이다. 이것은 수동적이고 우울하며 박력 없는 태도이며 일종의 실패 선언이다. 혹은 심리학적 용어로 억압이다. 반면에 진정한 수용은 적극적이고 생산적이며 그 사람이 강력하게 발전할 수 있는 원천이다. 진정한 수용의 위대함은 여기에 있다. 이런 의미에서 괴테는 행동으로도, 수용으로도 품격이 높아질 수 없는 상황이란 없다고 말했다.

내게는 뛰어난 의사 친구가 하나 있는데 그는 아주 고통스러운 병으로 수술을 받았다. 당연히 나는 그를 찾아갔고 그는 자신의 체험에 대해 이야기했다. 그가 극심한 통증을 느꼈을 때 단지 고통을 받아들여야 하는 것이 아니라 '그 안으로 들어가야' 한다는 생각이 스쳐 지나갔다고 말했다. 나는 이 표현에 감명을 받았다. 이 말은 수용이라는 평범한 단어보다 훨씬 더 강력하게 느껴진다. 사실 너무 많은 사람이 수용과 체념을 혼동한다. 그의 말을 들으니 용감하게 다이빙을 하는 것처럼 훨씬 더 적극적인 반응이 떠오른다.

나는 "그 안으로 들어간다"는 내 친구의 표현을 퇴직 준비에 관한 세미나에서 자주 인용했다. 퇴직을 통해 이제 인생의 새로운 페이지로 넘어갈 것인데 그것을 단호하게 넘겨야 할 필요가 있는 것이다. 동시에 두 페이지를 읽을 수는 없다. 퇴직과, 그것이 예고하는 노화라는 현실을 마지못해 받아들이며 '받아들여야 한다'는 체념어린 마음을 가지면, 수동적이고 혼란스러우며 원한에 사무치게 된다. 중요한 것은 새로운 도약, 현실 적응을 위한 활기찬 노력, 인격적 성장을 요구하게 마련인 삶의 도전을 받아들이는 것이다.

우리는 더 이상 퇴직을 활동 반경을 줄이는 것 혹은 '의당 누려야 할 휴식'으로 보아서는 안 된다. 사람들은 퇴임식에서 이런 어리석은 말로 기념하곤 한다. 너무 오래 쉬면 퇴보하고, 무기력해지기 쉽다. 오지도 않는 사람을 기다리며 안락의자에 앉아 있는 것은 수동적이고 보람 없는 수용의 또 다른 형태요, 일종의 항복이다. 알다시피 그것은 우리가 이 책에서 함께 연구하고 있는 상실의 문제를 잘 보여 주는 예다. 퇴직자는, 오랜 세월 동안 그의 삶에서 큰 비중을 차지해 왔으며, 긴급한 요구 사항으로 그를 바쁘게 했던 직업 활동을 갑자기 상실한다. 그리고 퇴직과 함께, 그의 능력과 책임으로 인해 얻은 명예, 혹은 적어도 우리의 이윤 중심적인 문화에서 보수를 받는 모든 직업에 따라다니는 평가뿐 아니라 이에 수반되는 모든 사회적 관계도 잃게 된다. 하지만 이 모든 상실과 함께 개인의 창조성을 키울 시간, 창조적 상상력을 재발견할 수 있는 시간을 얻는다. 어린아이에게 흘러넘치는 이런 상상력은 일상적 삶과 치밀한 사고, 계획 수립의 세월에 억눌려 왔던 것이다.

다른 모든 상실도 마찬가지다. 사람들은 성인(成人)의 삶에 진입하자마자 젊음에 작별을 고해야 하며, 직업 능력을 강화하고 가정을 세우는 일에 온 힘을 쏟아부어야 한다. 다시금 창조성을 발휘해야 한다는 똑같은 요구가 시련을 당한 모든 사람에게 메아리친다. 각각의 시련은 돌이킬 수 없는 전환점이 된다. 배우자를 잃는 것 혹은 그와 비슷한 비참한 사별, 사고나 심각한 질병, 실패나 배신. 그 때부터 삶은 더 이상 예전과 같지 않을 것이다. 이런 시련 앞에서 자기 탓을 하고 체념하고 있으면 안 된다. 삶의 새로운 단계를 직접 건설해야 한다. 그런 단계를 기다리고 있기만 해서도 안 된다. 자신이 하고 싶은 것, 무엇보다 되고 싶은 것이 무엇인지 알아야 한다. '안으로 들어가는 것'은 완전히 참여하는 것이자 현 순간을 살아 내는 것이다. 그것은 가치관의 변화, 새로운 영감의 추구를 함축한다.

고통에 대한 '예', 하나님에 대한 '예'

그러고 나면 '애도 작업'은 프로이트가 부여한 차원과는 완전히 다른 차원을 지니게 된다. 그것은 정신적 삶만이 부여할 수 있는 정신적 차원이다. 애도 작업에 대해 프로이트가 내린 순전히 심리학적인 정의는 "없어진 대상과의 애착을 끊어 내는 것"이다. 이것은 매우 수동적이고 무기력한 활동으로, 매우 창조적인 사건인 정신적 수용과 대조된다. 후자의 경우 고통에 대해 '예'라고 반응하는 태도는 하나님에 대해 '예'라는 태도로 바뀌어 간다. 이는 특별히 기독교 신앙의 수용에 적용된다. 예수님의 메시지는 현실적이면서, 어려운 것이다. 그분은 칼과 핍박과 모든 것을 버리는 것에 대해 말씀하신다. "아무든지 나를 따라오려거든 자기를 부인하고 자기 십자가를 지고 나를 좇을 것이니라"(마 16:24). 그분 자신이 십자가를 받아들이셨기에 그리고 모든 시련은 우리로 하여금 그분께 더 가까이 나아가게 하기에 이 말씀은 감동을 준다.

나는 유대인 작가 앙드레 슈라키의 글[13]에서 "자기 십자가를 지고"라는 문구를 읽었을 때 감동을 받았다. 그는 경건하고 열정적인 유대인으로 자기 종교에 신실하지만 이슬람교도들과 그리스도인들에게도 존경받는 사람이다. 세 종교의 성경적인 화해를 촉구하는 그의 예언자적 호소에 나는 전폭적인 지지를 보낸다. 내가 아야톨라 타바타바이의 초청으로 테헤란의 이슬람 사원에서 강연했을 때 이슬람교도들은 나의 말을 무척 경청했다. 나는 제네바 개신교도들이 그들과 특별히 가까운 것 같다고 말했다. 칼빈으로부터 하나님의 비교할 수 없는 위대함에 대한 날카로운 의식을 물려받았기 때문이다.

그럼에도 이슬람은 하나님과 인간 사이의 엄청난 거리를 의식하다가 결국 운명론에 빠지고 말았다. 운명론은 현실을 수동적으로 받아들이는 태도다. 반면에 기독교 신앙은 예수님과의 친밀한 관계를 누린다. 그것은 인간과 하나님 사이의 거리를 부정하거나 잊어버리는 것이 아니다. 예수님 안에서 그 거리를 뛰어넘으신 분은 우리가 아닌 하나님이며, 그리하여 그분은 인간 조건의 무게와 긴장을 아셨다. 어쨌든 예수님과의 친밀한 관계로 인해 나는 현실을 적극적으로 받아들일 수 있게 되었다. 특히 시련을 당할 때 그분이 내 곁에 계시고, 임재하시며, 내 삶에 참여하고 계신다는 것을 깨닫게 되기 때문이다. 우리가 사랑받고 있다고 믿는다면 모든 것에 당당히 맞설 수 있다.

또한 이 엄청난 격려로 인해 우리는 스토아 학파처럼 긴장하며 시련을 받아들이는 것이 아니라 차분하고 평화롭게 받아들일 수 있다. 스토아 학파의 현실 수용에도 숭고한 면이 있다. 스토아 학파는 기독교 신앙과 마찬가지로 체념과 운명론의 수동적 자세와 대결한다. 하지만 이들은 이를 꽉 깨문다. 즉 마음을 독하게 먹고 받아들이는 것 같다. 혹은 심리학적 표현으로, 감정과 다정함을 약함으로 간주하여 억압한다.

스토아 학파는 역경 앞에서 더욱 강해지기 위해 정서적인 무감각 상태를 열망한다. 하지만 그 대가로 예수님의 태도와는 상당히 다른, 뻣뻣하고 딱딱한 태도를 가지게 된다. 우리는 그분이 친구 나사로가 죽었다는 소식을 듣고 슬피 우셨다는 이야기를 듣는다(요 11:35). 그분은 역경을 당하는 모든 사람에게 지극히 자상하셨고 그들의 감정을 공유하셨다. 나는 종종 내 환자들에게서, 특히 개신교도들에게서 스토아 학파의 분위기를 느낀다. 남자들은 울지 않으려 하며 여자들은 자기 감정을 부끄러워한다. 스위스 베른 출신의 뒤부아(Dubois) 박사는 자신이 기독교적 스토아주의라고 부른 것을 찬미하곤 했다.[21] 그것은 카미자르(Camisard: 프랑스 남부의 바랑그도크와 세벤 지방에 근거지를 둔 호전적인 개신교도-역주)의 역사가 증언하듯, 강인한 성품을 탄생시켰다. 그러나 장 다니엘 베누아(Jean-Daniel Benoît)가 보여 주듯,[7] 칼빈은 엄격한 성격이었지만 동시에 매우 섬세했고 감동적인 우정을 나누었으며 무척 자상했다.

이제 시련을 받아들이는 문제에 온갖 요소가 얽혀 있다는 것을 알았을 것이다. 여기에는 종교적, 철학적 요소뿐 아니라 심리학적 요소도 들어 있으며 어린 시절의 사건과도 연관되고, 체질적, 유전적 요소도 들어 있다. 내가 지금까지 의사 생활을 하면서 내린 결론은 그 문제가 너무나 복잡해서 도저히 간단 명료한 주장을 할 수 없다는 것이다. 열정적인 신자인데도 아주 사소한 슬픔이나 불운마저 받아들이기 어려워하는 경우가 있는가 하면, 큰 어려움 없이 시련을 받아들이는 불신자들도 있다. 믿는 자들은 믿음이 부족한 탓이라며 자신을 비난하는 경향이 있다. 자신과의 이 무력한 싸움으로 신경이 더 예민해지고, 하나님의 사랑과 용서를 믿으면서도 다른 사람들의 판단을 받는 것을 더욱 두려워하게 된다. 비극적 악순환이 계속되는 것이다!

부모가 울음을 멈추지 않는 아이에게 신경질적으로 화를 내고 나서 자신을 비난할 때도 종종 이런 악순환이 일어난다. 그들이 화를 내면 낼수록 아이는 더 크게 운다. 아이가 울면 울수록 그들은 더 화가 난다. 부모가 자기 감정을 다스리고 입맞춤으로 아이를 달래려고 해도 사태가 진정되지 않는다. 아이는 부모의 무의식적 생각을 알아차리고, 부모의 전략적 자상함 속에 분노가 숨어 있다는 것을 눈치채기 때문이다. 어린아이가 현실을 받아들이는 것은 불가능하다는 것을 기억해야 한다. 아이는 욕구가 충족되어야만 웃을 수 있으며 약간의 결핍이 생기기만 해도 울 것이다. 아이는 부모가 부인한다 해도 그들이 자신의 형이나 동생을 더 좋아한다고 느낄 수 있다. 이는 자연스러운 감정이다. 웃는 아이, 안아 줄 때마다 더 웃는 아이를 다루는 것은 무척 쉽다. 그런데 한 집에서 함께 살다 보면 상실과 악순환이 생기게 마련이다. 이런 이야기들을 너무나 많이 들어 온 프로이트는 위로가 되는 말을 남겼다. "자녀 양육은 어떻게 하든 잘못할 수밖에 없다."

종교적 신앙과 수용

그러나 수용이라는 심리적 반응에 얼마나 많은 요인이 얽혀 있든, 종교적 신앙이 진정한 수용을 위한 가장 강력한 원천임은 틀림없다. 이것과 관련해서 분명 당신은 이와 관련된 주목할 만한 실례를 알거나 읽어 본 적이 있을 것이다. 신체 장애인 혹은 가혹한 상실의 희생자이면서도 영적 체험으로 인해 평안을 누릴 뿐 아니라 기쁨의 향기를 발산하는 사람들이 있다. 나는 지금 나의 프랑스인 친구 쉬잔느 푸셰(Suzanne Fouché)와 그녀의 책 「고통, 삶의 학교」(*Souffrance, École de Vie*)[27] 그리고 그녀가 한 일들에 대해 생각하고 있다.

총명하고 생기발랄한 소녀 쉬잔느는 의학을 공부하려 했으나 청소년기에 잠행성 질병으로 자신의 꿈을 접어야 했다. 그것은 곧 골결핵으로 판명되었다. 그녀는 18년 동안 이런저런 요양소들을 전전하며 병상에 갇혀 지내야 했다. 최근까지도 계속 큰 수술을 받았다. 그녀는 처음 느꼈던 절망과 반항 그리고 이 병이 계속해서 부과하는 고통스러운 문제들과 자신의 투쟁을 숨기지 않고 드러내 보였다. 하지만 그녀가 선언할 수 있었던 '예', 다시 말해 그녀를 지탱해 주고 그녀의 삶에서 명확하게 드러난 그 태도는, 끊임없이 싸워 온 병을 받아들이는 것 이상이었다. 그것은 하나님께 '예'라고 고백하는 것이었다.

그녀는 아직 젊고 여전히 요양소에 머물고 있지만, 환자가 아무것도 하지 않는 것이 얼마나 사기를 떨어뜨리고 치료를 방해하는지 알고 있었다. 그녀는 내가 현재 노인 환자들에게 반복하는 것과 같은 이런 단순한 훈계를 하며 환자 한 사람 한 사람을 이끌어 갔다. "당신이 할 수 있는 일을 하세요." 이런 식으로 그녀는 병상에서 벗어나 가능한 모든 종류의 행동에 참여하는 작은 그룹을 조직했다. 그 운동이 퍼져서 점점 더 많은 환자들의 삶을 변화시키는 연맹이 되었다. 이 조직이 성장하여 환자의 세계를 뛰어넘어 거대한 자선 단체가 되었고, 그 단체는 점차 신체 장애를 가진 사람들을 위한 재활원을 세우게 되었다. 현재 프랑스 전역에 그러한 기관이 서른 곳도 넘는다.

제네바 근처 에비앙에도 이 재활원이 하나 있다. 나는 그 곳에 대한 소문을 듣고 한번 가 보고 싶었다. 어느 날 은행에 볼 일이 있어 간 김에 출납원에게 그 기관의 정확한 주소를 아느냐고 물어보았다. 즉각 그의 얼굴이 환해지면서 "아다마다요. 내가 여기까지 온 것도 다 그 곳 덕분이죠" 하고 외쳤다. 그것은 쉬잔느 푸셰의 기적이었다. 심장병으로 직업 생활을 포기해야 했던 그는 푸셰 재활원에서 회계학을 공부하고 은행에서 정상적으로 일을 하며 생활할 수 있게 되었다. 쉬잔느 푸셰의 원칙은 장애를 가진 사람들에게 재활 훈련 과정을 제공하는 것이다. 그것은 사회적 지위가 상승하고 더 나은 삶에 다가가는 것을 의미한다. 프랑스 전역에는 그러한 사람들이 무수히 많다.

이것은 상실과 창조성의 관계를 보여 주는 훌륭한 예다. 쉬잔느 푸셰가 의사가 되었다 해도 이보다 더 창조적이고 생산적인 삶을 살지는 못했을 것이다. 국제 인격 의학 학회에서 나의 모든 동료들은 깊은 존경심을 갖고 그녀에게 다가가 자신의 활동에 필요한 영감을 구한다. 그녀는 의사들로 하여금 환자들을 짓누르는 문제, 그들이 종종 잘못 이해하는 문제들을 들여다볼 수 있게 해준다. 그녀가 일평생 환자였기 때문이다. 그러므로 그녀는 자신의 신앙과, 신앙이 가져다 주는 의사와 환자 간의 창조적이고도 인격적인 만남에 대해서도 증언할 수 있다.

7장 용기

"절망하기보다 용감하게 맞설 때 고통이 훨씬 덜하다."

이 이야기는 독자가 한참 동안 이 책을 읽어 오면서 던졌을 만한 질문에 답변을 줄 것이다. 어떻게 하면 불행이나 상실을 당한 사람들이 상실 그 자체에 의해 신선한 창조적 에너지를 발견하도록 도울 수 있는가? 나의 답변은 이렇다. 그렇게 할 용기를 그들에게 불어넣어 주면 되는 것이다. 쉬잔느 푸셰는 신체 장애인들에게 기회를 제공한다. 그들은 일정 기간 재활 훈련을 받아야 하고 직업 기술에 대해 배운다. 적절한 장비에 잘 고안된 기술 조직이 있고, 거기서 그녀는 그들에게 본받을 만한 정신적 귀감을 제공해 주었다. 그러나 그들 내면에 일어난 일들도 기억해야 한다. 용기가 새롭게 일깨워졌다. 재적응을 위한 엄청난 노력에 성공하려면 용기가 반드시 필요하다. 그들에게 도구를 제공하는 것은 아주 중요한 일이지만 반드시 필요한 용기도 심어 주어야 한다. 이것은 내가 의사의 두 가지 임무, 즉 과학적인 임무와 도덕적인 임무라고 부른 것을 상기시킬 것이다.

삶은 아름답지만 그것은 모든 인간에게 힘든 것이며, 심지어 대다수에게는 혹독하기까지 하다. 시련을 당하거나 상실에 직면하면 더욱 힘들어진다. 삶은 많은 용기를 요구한다. 나는 그 사실을 강조하고 싶다. 내가 별로 용기가 없다는 것을 잘 알기 때문에 더더욱 그렇다. 내 용기는 용기 있는 사람들과 접촉할 때 되살아난다. 그들은 흔히 내 환자들이며, 나보다 더 큰 장애를 가진 사람들이기에 나는 그들이 보여 주는 용기를 존경한다. 용기는 가르쳐서 생기는 것이 아니기 때문에 전염시켜야 한다. 사회는 상호 격려의 거대한 실험실이다. 각 구성원은 상대방에게 자신이 가지고 있는 용기만을 줄 수 있다. 환자들뿐 아니라 의사들 역시 그렇다.

지난 주에, 환자 방문 사역에 헌신한 내 친척 하나가 갑자기 내게 이렇게 물었다. "넌 한 번도 실패해 보지 않았지? 네 책을 읽으면 넌 항상 어떤 사람에게 필요한 말을 콕 집어서 해주는 것 같아." 난 웃음을 터뜨렸지만 마음이 편치 않았다. 내가 정말 그렇게 위선적인 이미지만 내비쳤던가? 그 자리에서 나는 가장 고통스러운 실패를 한 가지 떠올렸다. 그것은 내 절친한 친구가 되었던 어느 환자의 자살 사건이다. 의사의 삶이란 그런 것이다. 그리고 나는 몇몇 의사 친구들을 생각했다. 갑자기 그들은 아내나 아들이 암에 걸렸는데 이미 너무 진전되어 완치를 바랄 수 없는 상태라는 것을 알았다. 어이없는 사건으로 한창 나이의 자녀를 잃은 사람들, 혹은 아이가 기나긴 고통 속에서 죽어 가는 것을 지켜보아야 했던 사람들에 대해서도 생각했다. 바로 이런 일에 용기가 필요하다!

사기(士氣)는 용기다

지난해 나는 노년 의학 세미나에서 '노인의 사기'라는 주제로 발표를 부탁받았다. 그 때 나는 회복기에 있었고 세미나를 준비할 시간이 많았다. 무척 학식 있는 청중을 대상으로 했기 때문에 당연히 독창적이고 흥미로운 생각을 제시하려고 했다. 그러나 몇 주 간 머리를 쥐어짜 보아도 내 머릿속에 떠오르는 것은 '사기는 용기를 의미해. 사기는 바로 용기야'라는 평범한 말뿐이었다. 그럼에도 불구하고 결정적인 순간에 나는 용기를 내어 뛰어들어야 했다. 그런데 결과적으로 그것은 내가 생각했던 것만큼 진부한 말이 아니었다.

사실 우리 모두는 '사기'와 '낙관론'을 혼동하는 경향이 있다. 그래서 사기를 유지하기 위해, 무엇보다 환자로 하여금 병이 나을 것이라는 희망이나 가까운 미래에 병세가 호전될 것이라는 희망을 꼭 붙들고 있게끔 해야 한다고 생각한다. 심각한 질환이 아닌 경우에는 그렇게 생각해도 별 문제가 없다. 환자는 자기가 무슨 병을 앓고 있는지 명확한 설명을 들을 수 있다. 그의 병과 치료 방법은 잘 알려진 것이며 회복 기간도 분명히 설명해 줄 수 있다. 이 때, 주위 사람들이 걱정하지 않는다면 사기는 그다지 큰 문제가 아니다. 하지만 수많은 만성 질환은 상당히 다른 문제다. 여기서는 사기가 병의 진행에 중요한 요인이 된다. 질병이 아니라 정상적이고 필연적인 과정인 노화 현상에서는 더더욱 그렇다.

이리하여 상황은 복잡해진다. 기회와 위험이 있고, 기쁜 징조와 걱정스러운 징조가 있고, 호전 가능성과 갑작스런 악화가 있으며, 이 모두를 받아들여야 하는 것이다. 우리는 환자의 낙관적 태도가 유지되기를 간절히 원하기 때문에 가장 낙관적인 관점에서 진료 소견을 표현하는 경향이 있다. 그래서 나쁜 것을 축소하고 좀더 희망적인 요소는 강조한다. "그래요. 관절 경직 때문에 걷는 게 힘들 거예요. 하지만 **그 동안** 지팡이 덕택에 그럭저럭 몇 발자국 옮겨 가판대까지 가서 신문을 사올 수도 **있었잖아요.** 그러면 됐지요." "그래요. 기억력이 예전보다 감퇴되었지요. 하지만 그 나이에는 기억력이 그렇게 중요한 게 아니잖아요." "난청이군요. 하지만 시력은 여전히 좋잖아요. 읽는 데는 문제가 없으니, 아주 다행인 일이죠." 이것이 청각 장애인들이 실제로 나누는 대화다.

물론 의사나 노련한 환자가 이렇게 단순하게 이야기하는 경우는 드물다. 그러나 능란함의 정도와 미묘한 의미의 차이는 있겠지만, 우리가 알아차리지 못할지라도 기본적으로 이러한 종류의 대화 기술이 엄청나게 다양한 방식으로 사용된다. 그런데 그렇게 해 봐야 열매가 없다. 환자가 불만을 표시하면 할수록 우리는 이런 기술을 더 많이 사용하고, 우리가 환자를 공들여 격려하려 하면 할수록 환자는 더 많이 불평한다. 그는, 의사인 우리가 그가 처한 상황과 그가 얼마나 고통받고 있는지 이해하지 못한다고 느끼기 때문이다. 그의 고통을 인식해야만 그 안에서 충분한 용기를 일깨워 그가 고통과 싸우도록 할 수 있다. 우리 스스로가 받아들이는 것이 얼마나 어려운지를 인식해야만 환자가 시련을 받아들이도록 도울 수 있다.

우리가 진실과 직면하는 것을 환자보다 더 두려워한다면 용기가 부족한 것은 실제로 우리 자신이 아닌가? 그 진실이란 것은 우리의 치욕적인 무능함을 뜻하는 것이어서 우리는 환자보다 더 재빨리 진실한 대화를 회피하기 때문이다. 그렇다. 사기는 용기를 뜻하며 환자의 용기는 우리의 용기에 달려 있다. 예를 들어 마약 중독자가 중독에서 벗어나기 위해 필요한 용기를 생각해 보라. 이런 경우 중독자를 효과적으로 돕고자 하는 사람들에게도 얼마나 많은 용기가 필요한지 모른다.

미셸 발린트[6]의 지적처럼 의사로서 우리의 의료 활동은 우리 자신에게 끝없이 의문을 제기하며 용기 역시 요구한다. 엘리자베스 쿠블러 로스는 어떤 죽어 가는 사람과 이야기를 나누면서 그 사람이 어떤 감정을 느끼는지 물어보기로 마음먹었는데,

금세 그 일을 다음날로 미루려는 구실을 찾았다고 말한다. 곧 그 사람은 죽었다. 그녀는 그런 대화를 나눌 때 자신에게 생길 감정을 두려워하는 마음부터 극복해야 한다는 것을 깨달았다.[60)] 그녀는 죽어 가는 사람과의 대화를 시작할 용기가 부족한 것은 바로 건강한 우리라는 것을 보여 주었다. 우리는 환자에게 묻고자 하는 것을 묻지 못하고 아무런 상관없는 이야기를 한다. 이 경우 우리는 그의 관심을 다른 곳으로 돌려 사기를 유지시키겠다는 핑계를 댄다.

가장 큰 용기를 불러일으키는 것은 가장 큰 시련을 당한 때다. 1940년에 윈스턴 처칠은 오직 피와 눈물과 땀을 약속하는 말로 영국 전역에 활력을 불어넣었다. 그것은 강요된 낙관론과 정반대되는 것이었다. 그가 다른 사람들에게 전달했던 것은 사실 그 자신의 용기였다. 이렇게 영웅성이 발휘되는 상황에서는 그것을 분명히 인식할 수 있다. 하지만 환자나 노인이 일상적인 것, 사소하다고 생각되는 것으로 불평할 때는 대개 그 점을 잊어버린다. 우리는 이들이 불평을 함으로써 더 깊은 곳에 자리잡은 고뇌—역시 영웅적인—를 드러내고자 한다는 것을 깨닫지 못한 채 별로 심각한 문제가 아니라며 점잖게 대답해 버릴 수 있다. 이들은 질병과 노화와 죽음의 가능성을 받아들이는 문제로 고민하며, 의식적으로든 무의식적으로든 지속적으로 위협을 느꼈을 것이다.

하지만 반드시 필요한 용기는 시련이 있을 때에만 발휘된다.

노화, 고통스러운 질병, 장애, 배우자의 죽음 같은 이런저런 상실 앞에서 용기를 낼 수 있을까 자문하며 늘 고민하는 사람들이 있다. 나는 그들을 안심시키려고 애썼다. 그들이 두려워하는 시련이 없다면 용기도 있을 수 없기 때문이다. 아마도 그들은 시련이 닥치면 가장 잘 견디는 사람일 것이다. 나는 너무나 자주, 이렇게 근심 많은 사람들이 상상이 아닌 실제 상황에 부딪혔을 때 용기를 발휘하는 것을 보고 놀라곤 했다.

용기의 전염성

할 말이 더 있다. 내가 이미 말한 기쁨에 대해서다. 심각한 장애를 가진 많은 사람들에게서 뿜어져 나오는 놀라운 기쁨. 우리가 버스 안에서 목격하는 건강한 사람들의 침울한 분위기와 대비되는 그 기쁨. 이를 어떻게 설명한단 말인가? 나는 그들의 삶이 지속적인 용기, 즉 끊임없이 용기를 소모할 것을 요구하기 때문이라고 생각한다. 용기는 정신의 경제에 속하기 때문에 많이 쓰면 쓸수록 많이 갖게 된다. 용기는 흐르는 물처럼 그들 마음에 스며들어 기쁨을 발산한다. 그것은 운명에 승리한 기쁨이다. 이 기쁨은 큰 업적을 달성한 사람들 모두에게서 찾아볼 수 있다. 아이거 산 북쪽 면을 거쳐 정상을 밟은 등산가, 비록 극도의 피로로 결승점에서 지쳐 쓰러질지라도 운동 경기에 참여한 챔피언들이 그런 사람들이다. 더욱이 심각한 신체 장애를 가진 사람들에게는 그것이 단 하루의 승리가 아니라 매일의 승리다. 이 생생한 기쁨은 어디에서 나오는가? 그것은 소유한 것에서라기보다는 투쟁하는 것에서 나온다.

내가 상실이라는 주제로 처음 이야기를 시작한 곳은 독신 어머니 협회에서였다. 청중은 모두 과부, 이혼했거나 버림받은 아내, 미혼모 같은 여성들로 구성되어 있었다. 이들은 아버지 없는 아이의 양육을 책임지고 있었고 아이의 미래에 대해 염려하고 있었다. 내가 고아들에 관해 말한 내용은 그들을 격려할 수 있었다. 하지만 그들에게는 격려가 필요하지 않았다. 나는 그들 사이에 충만해 있는 기쁨을 발견하고는 무척 놀라 그 이유를 생각해 보았다. 그들 역시 혹독한 삶을 살면서 날마다 많은 용기를 발휘해야 했는데, 그들에게 스며든 이 영적 에너지가 이토록 인상적인 기쁨을 가질 수 있는 비결이었다. 용기는 이 사람에게서 저 사람에게 전달되기도 했다. 각 사람은 다른 사람의 용감한 모습에서 자신의 용기를 퍼 올렸고, 그런 후 자신의 용기를 다른 사람에게 나누어 주었다. 용기는 전염되며 배가되었다. 마치 거울의 방에서 거울에 비친 우리의 상(像)이 증가하는 것과 같다.

가장 큰 격려를 받은 사람은 나 자신이었다. 나는 그 날 저녁 기쁨에 차서 그 모임을 나섰고, 모임 주관자가 우리 정원에 심으라고 장미꽃을 전해 주었을 때 나보다 그녀가 더 그 꽃을 받을 만하다고 느꼈다. 특별히 역경 앞에서 용감한 남자나 여자

혹은 아이를 만나는 것만큼 우리 안에서 큰 용기를 불러일으키는 것은 없다. 그것은 훈계보다 훨씬 더 효과적이다. 내가 보기에는 용기의 전염성을 강조하는 것이 매우 중요한 것 같다. 나는, 수없이 밀려드는 유혹을 물리치고자 노력하며 자신의 이상에 충성하는 용감한 사람들을 많이 보아 왔다. 하지만 그들도 악과 폭력, 불의와 거짓말이 활개치며 무섭게 퍼져 가는 세상에서 자신이 너무나 무력함을 느낀다. 그들은 무엇을 할 수 있는가? 그들이 일상 생활에서 실천하는 순종은 가치 있는 일이라 해도 폭풍우 치는 대양 가운데 흩날리는 작은 물방울에 지나지 않는다. 선(善) 자체는 그리 눈에 띄게 전염되지 않는다. 하지만 눈에 띄는 한 가지가 있다면 그것은 특별히 용감한 순종이 전염되는 효과다.

내가 직접 이 진리를 경험했기 때문에 나는 그것을 증명할 수 있다. 나는 옥스퍼드 그룹 운동이 내 삶에 미친 결정적인 영향력에 대해 앞에서 언급했다. 그 운동은 용감한 순종의 전형으로 탄생했다. 어떤 기관의 회장이었던 미국인 목사 프랭크 부크먼은 운영 위원회와 심각한 마찰을 빚고 사임했다. 그는 극도로 비통한 심정으로 작은 예배당에 들어갔다. 오랜 침묵 속에서 그는 위원들을 용서할 뿐 아니라 자기 잘못을 인정하고 각 위원들에게 용서를 구하는 편지를 보내라는 명령이 들리는 것을 느꼈다.

실지로 이것은 매우 드문 경우다. 자기 잘못을 인정하기보다 상대방의 잘못을 비난하는 것이 인지상정이지 않은가. 그러면 상대방은 어떻게 하겠는가? 그들 또한 상대방을 비난해야 직성이 풀릴 것이다. 이는 격한 비판과 비난과 고소가 어우러진 보편적이고 영속적인 합창이다. 이 사람에서 저 사람으로, 이 그룹에서 저 그룹으로, 이 파벌에서 저 파벌로, 이 나라에서 저 나라로, 전 세계로 울려 퍼지는 소리다. 그런데 삶의 투쟁을 직면하는 데는 용기가 필요하다. 심지어는 전쟁터에서 적을 죽이는 데도 용기가 필요하다. 전쟁터의 영웅적 행위에서 우리는 용기가 강력하게 전파되는 것을 똑똑히 볼 수 있다. 그러나 또한 우리 자신을 있는 모습 그대로 인정하는 데도 용기가 필요하다. 종교 예식 가운데 일반적 의미의 '우리 죄'를 인정하는 것이 아닌, 아주 구체적이고 부끄러운 우리 잘못을 인정하고, 우리가 가한 잘못으로 피해를 입은 자에게 용서를 구하는 데는 용기가 필요하다.

예기치 못한 기쁨

나는 우리 의무에 대한 일상적 순종과, 용기를 요구하는 특수한 순종 행위를 구분했는데, 이 둘의 근본적 차이점을 강조하고 싶다. 첫 번째 순종을 무시하는 것은 아니다. 그것은 필수적인 순종으로서, 이러한 순종 없이는 사회 생활 자체가 불가능하기 때문이다. 하지만 이것은 일종의 일상성의 미덕일 뿐이며 훌륭한 교육의 열매다. 고백 행위도 일상적인 일이 되어 버리면 사람을 자유롭게 하는 효력을 잃을 수도 있다. 우리 마음을 움직이는 것은 예외적이고 특별한 행동이다. 나는 예수님이 산상수훈에서 의미하신 바가 이것이라고 생각한다. 칼 야스퍼스(Karl Jaspers)는, 우리가 산상수훈을 도덕률로 여긴다면, 많은 사람들이 생각하듯이 그것을 실천하는 것은 불가능해진다고 지적했다.[53] 예를 들어 5리를 가자고 하는 사람에게 10리를 가주는 것은 불가능한 일이다. 때때로 예수님 자신도 누군가의 부탁을 거절하셨다.

하지만 사랑하거나 정직한 마음으로 상대방이 전혀 예상치 못한 일을 해준다면 반드시 깊은 감동을 줄 것이다. 앞에서 나는 내가 열여섯 살 때 그리스어 선생님이 나를 집으로 초대한 것을 계기로 소심하고 폐쇄적인 고아였던 내 삶이 바뀐 사건에 대해 이야기했다. 그 당시에는 몰랐지만 나를 둘러싼 모든 것이 그 날 이후로 바뀌었다. 그분이 내게 직업상의 관심을 갖고 교사가 학생 다루듯 하신 것이 아니라, 무척 개인적인 관심을 가지고 나를 한 인격체로 대하셨기 때문이다. 그러므로 인격 의학은 우리가 의과 대학에서 배운 직업적 상례(常禮)를 바꾸려는 것이 아니다. 그러나 사실 순수한 시선, 예기치 않은 말이나 평범하지 않은 행동은 우리와 환자의 관계를 바꾼다. 이는 환자가 자신이 단순한 하나의 사례로 다루어지는 것이 아니라 인격체로 여겨지고 있다고 느끼기 때문이다.

사랑하는 딸을 잃은 부모가 대체물로 낳은 딸이었던 한 여성이 떠오른다. 그녀는 자신을 일종의 대역(代役)으로 느꼈다. 그녀의 병과 혼란스러운 성격은 한 인격체로서의 정체성을 찾기 위한 무의식적 노력을 드러내는 것 같았다. 그녀의 변덕도 마찬가지였다. 그녀는 모피 코트에 대한 애착이 컸다. 옷장에는 입어 보지도 않은 코트가 쌓여 있었다. 외출 횟수도 점점 줄어들었다. 그래서 나는 그녀를 그녀의 집에서 만나지 않고 차를 태워 밖으로 데리고 나갔다. 그 후 우리는 자주 밖으로 나가 산책을 했다. 어느 날은 내가 그녀를 무척 좋아한다고 이야기하자 그녀는 재빨리 이렇게 대답했다. "제게는 매한가지에요. 선생님은 모든 사람을 좋아하시잖아요." 물론 그녀는 잘못 생각하는 것이다. 모든 사람을 사랑할 수 있는 사람은 없다. 만약 그렇다고 한다면 실은 아무도 사랑하지 않는 것이다. 의사가 환자를 사랑하는 마음을 갖는 것으로는 충분하지 않다. 환자는 더 개인적인 무언가가 필요하다. 그것은 사람을 감동시키는 특별한 행동이다.

용기와 신앙

다시 프랭크 부크먼의 이야기로 돌아가 보자. 그 이야기는 옥스퍼드 대학교 학생들 사이에 삽시간에 퍼졌다. 기적 같은 일이 일어났다. 학생들이 하나씩 하나씩 용기를 되찾고, 자신의 삶을 정돈하면서 자신의 과오를 인정하고 이를 바로잡아 예수 그리스도께 삶을 헌신하게 되었다. 그러자 기쁨이 터져 나왔다. 이는 시련으로부터 솟아오를 수 있는 창조성에 대한 모범 사례다. 그것은 또한 우리가 함께 확인했던 것을 잘 보여 준다. 즉 창조성의 봇물을 터뜨린 것은 프랭크 부크먼이 경험했던 시련 자체가 아니라, 시련에 대한 그의 용기 있는 반응이었다. 용기는 전염된다. 마치 산사태가 난 것과 같아서, 일단 시작되면 급속도로 번진다. 옥스퍼드 대학교에서 시작된 이 운동은 각 나라로 퍼져 갔고, 그렇게 해서 이것은 내게도 찾아왔다. 나의 친구 멘타(H. Mentha) 박사의 환자이자 나의 환자이기도 했던 사람으로 인해 내 마음도 움직였던 것이다. 그의 신비로운 변화는 우리의 호기심을 자극했다.

나는 묵상 시간에 과거의 갈등을 떠올렸고 곧 화해를 향한 일련의 발걸음을 내디뎠다. 이들 갈등의 대부분은 교회 내에서 일어났다. 심지어 나와 함께 당회의 구성원이었던 우리 교회 목사님과도 마찰이 있었다. 몇 년 동안 우리를 크게 뒤흔드는 체험이 많이 일어났다. 그 체험들은 우리 주위 사람들의 삶뿐 아니라 우리 가정을 변화시켰다. 갈등 가운데 있던 부부들은 다시 화합과 신뢰를 발견하고, 불신자들은 믿음을 찾고, 부정직한 행동들을 고백하고 회복이 일어났다. 이 현상을 용기의 참된 전염이라 할 수 있을 것이다.

그런데 그런 일이 내 환자들에게 일어났을 때, 내가 이해하지 못한 의학의 차원이 있었다는 것을 깨달았다. 불면증 환자들이 약물 없이 잠들 수 있게 된 것이다. 대식증 환자들은 식욕을 조절할 수 있게 되었다. 고혈압, 류머티즘 환자들의 증세가 완화되고 월경 장애가 사라졌다. 매우 많은 사람들이 이 치료법에서 저 치료법으로 바꾸었지만 약간의 진전이 있을 뿐 일시적이었으므로 하나에 진전이 보이면 또 다른 문제들이 나타났다. 실은 병의 원인이 더 깊은 곳에 있기 때문이다. 때로 그 원인은 심리적인 것이며 또한 영적인 것으로 삶에 대한 총체적 태도와 이를 왜곡한 모든 것과 연관이 있다. 이반 일리히는 약물 요법과 기술적 의학이 더 힘든 결정을 회피하기 위해 마련된 손쉬운 해결책이라는 것을 잘 보여 주었다.[50] 자크 사라노가 언급했듯 그는 일종의 '용기-건강'과 '안락-건강'의 차이를 구별하고 있다.[97]

급진적인 변화는 개인의 진실성과 아주 새로운 차원의 건강을 가져올 수 있다. 독일에 사는 내 친구 발터 레힐러(Walther Lechler)가 진료실에서 약물 치료를 모두 포기해 버리기까지 한 이유가 사실 여기에 있다.[64] 환자들은 인위적인 것에서 벗어나 새로운 삶을 시작할 수 있었고 자기다운 사람이 되었으며 속박 없이 자신의 감정을 표현할 수 있었다. 그리고 삶의 의미와 다른 사람들과의 진정한 개인적 관계가 무엇인지 발견했다. 이런 일이 일어나게 하기 위해서는 의사와 환자 모두가 많은 용기를 발휘해야 한다.

거의 반세기 전에 나는 이와 비슷한 일을 경험했다. 나는 고전 의학을 포기하지 않았다. 나는 심리적 기술을 고안하여 이를 의료 행위에 적용하려 했다. 하지만 과학적 태도는 늘 객관적이고 분석적이라는 사실을 주시해야 한다. 이러한 태도는 부분, 기관, 기능, 심리 기제만을 인정하며, 주관적으로 관계를 맺어야만 파악할 수 있는 전체나 총체적인 개인은 인정하지 않는다. 후자는 바로 영적 교류가 나아가는 목표점이다. 나와 나의 많은 동료들은 이 방식에 뛰어들었다. 테오도르 폰 라이버(Theodore von Leiber) 박사는 수년간 빈혈을 앓는 여성을 치료하고 있었다. 그녀는 그간 한 번도 헤모글로빈 수치가 65퍼센트를 넘은 적이 없었다. 그런데 어느 날 수치가 80퍼센트 이상이 된 것으로 발견되었다. 그는 지난 번에 다녀간 뒤로 그녀에게 무슨 일이 있었는지 물었고 그녀가 신앙을 갖게 되었다는 이야기를 들었다.

그 운동은 의사, 신학자, 정치가처럼 그들의 문화와 비판 의식, 위신 때문에 정서적 열정에 쉽게 쏠리지 않는 사람들을 사로잡으며 퍼져 나갔다. 하지만 그것이 이 특권층에만 국한된 것은 아니었다. 예를 들어 프리다 네프(Frida Nef)의 이야기가 있다.[76] 그녀는 알코올 중독자였던 아버지로 인해 가난과 부끄러움, 과로에 시달렸다. 이 끔찍한 어린 시절을 보내고 폐인이 되다시피 한 그녀는 자신이 살던 산악 지방을 떠나 스위스 로잔에 도착했다. 그녀는 신앙의 힘으로 용기를 얻어 아버지를 용서하게 되었고 원한의 감정에서 벗어났다. 그리고 무일푼으로 젊은 여성들을 위한 숙박 시설을 개설했고, 이 여성들을 그녀가 경험한 놀라운 모험으로 이끌었다. 거의 반세기 후에 그녀는 자신의 인생 이야기를 글로 썼지만 출판을 망설였다. 이 단순한 이야기가 너무나 설득력 있어 보였기에 나는 그녀에게 출판을 권고했다. 지금 그녀는 많은 곳에서 연사로 와 달라는 부탁을 받고 놀라며, 많은 독자들이 그녀가 심어 준 용기에 감사하며 편지를 보내와서 놀라고 있다. 전 시대를 통틀어 순교자들은 어떻게 해서 용기가 신앙심을 불러일으킬 수 있는지 그리고 그들의 용기가 우리 신앙을 얼마나 고취시킬 수 있었는지 잘 보여 주었다.

이 모든 것을 이야기하는 이유는 나 자신이 그것을 체험했기 때문이다. 역사를 통틀어 같은 현상이 반복되었다. 강력한 영적 운동을 태동시킨 것은 늘 하나님의 부르심에 대한 한 사람의 용기 있는 순종이었다. 아시시의 성 프란체스코, 아빌라의 성 테레사, 마르틴 루터, 존 웨슬리, 윌리엄 펜(William Penn: 영국 퀘이커 교도로 박해를 받다가 미국으로 건너가 펜실베니아 주를 세움-역주), 그 외 많은 사람이 이 사실을 증명했다. 그런데 이것은 기독교의 배타적 특권이 아니다. 부저, 소크라테스, 데모스테네스(Demosthenes: 고대 그리스의 유명한 연설가-역주), 마호메드, 간디의 용기가 미친 광대한 영향을 생각해 보라. 우리 모두가 존경하는 덕목이 있다면 그것은 바로 용기다.

그러나 여기에는 위험도 있다. 하나님께로부터 나온 용기의 전파력과 증오나 자만에서 나온 용기의 전파력이 같기 때문이다. 히틀러의 용기를 생각해 보라. 그는 제2차 세계대전이 발발하기 전에 조국에 굴욕감을 주었던 나라들에게 도전장을 던졌고, 어리석은 독일인 상당수가 그에 현혹되었다. 사람들에게 하나님 말씀을 들으라고 권고하지 않으면서 용기를 가지라고 한 것도 참으로 어리석은 짓이다.

감정을 내려놓는 용기

용기를 가지라고 훈계하는 것은 중요한 일이 아니다. 진정한 결실이 있으려면 내적 부름에 대한 응답으로 용기가 자발적으로 솟아올라야 한다. 나는 이혼하는 것이 정당한 상황에서도 용감하게 이혼을 포기한 몇몇 여성을 떠올리게 된다. 나는 감히 이 여성들에게 이혼을 포기하라고 훈계할 수 없었을 것이다. 그러한 결정으로 인한 고통을 감내해야 할 사람은 내가 아니라 이들이었기 때문이다. 예수님은 우리가 짊어지지 않는 짐을 다른 사람들에게 지우지 말라고 하셨다(눅 11:46). 하지만 나는 우리로 하여금 그 결정을 하도록 부르신 분이 하나님이라면 우리에게 결과를 감당할 힘도 주신다는 것을 늘 목격했다. 분명히 이혼은 전염성이 있지만 성실한 결혼 생활도 그러하다.

이 책의 관점을 유지하면서 내 고아 콤플렉스를 다시 조명해 보아야겠다. 나는 내 그리스어 선생님이 어떤 역할을 했는지 이야기했다. 하지만 여전히 억압된 감정을 표현할 수가 없었다.

그런데 어떻게 갑자기 그렇게 할 용기를 낼 수 있었단 말인가? 그것은 또한 나를 자신의 집에 초대했던 국제 연맹 소속 네덜란드 고위 공무원의 용기 덕분이었다. 그는 내게 자신의 과오를 매우 구체적으로 털어놓았다. 그러자 여기서 용기의 전달이 이루어졌다.

용기가 순환되는 보편적인 연결망이 있다면—가장 작은 세포에 산소를 공급하기 위해 몸 안에서 피가 순환하는 것과 비슷하다—감정이 교류되는 연결망도 있다. 그리고 전자와 후자는 밀접하게 연관되어 있다. 우리 모두는 감정에 대한 두려움을 갖고 있는데, 남자는 여자보다 그것을 더 두려워한다. 남자는 감정 자체뿐 아니라 그것을 표현할 때 일어나는 감정까지 두려워한다. 그뿐 아니라 다른 사람의 감정도 두려워한다. 그들이 자신의 감정을 표현하면 우리 안에 또 다른 감정이 일어나게 된다. 따라서 우리 감정을 드러내 보이려면 용기가 필요하다—단, 분노는 이에 해당되지 않을 수 있다. 또한 다른 사람들의 감정을 받아들이는 데도 용기가 필요하다. 서구 세계에서 대부분의 사람들이 신중하게 지적 논의와 객관적 이론에 매달리는 이유가 여기에 있다. 그것은 자기 자신이나 자신의 개인적 감정에 관한 그 무엇도 개입시킬 필요가 없기 때문이다. 그리고 이들이 표현하지 못한 감정으로 인해 그토록 고독한 이유도 여기에 있다. 용기의 교류와 감정의 교류는 손을 맞잡고 함께 진행되며, 인격적으로 접촉하기 위한 조건이다.

라인하르트(Reinhardt)라는 바젤의 출판인은 샤를르 드 로쉬(Charles de Roche) 박사가 내 책들에서 각기 엄선한 장들을 모아 책을 낼 계획을 세웠다. 그는 그 책의 제목을 「용기 있는 삶」(*Mutig leben*)이라고 붙였다.[106] 그리고 신학자 먼로 피스턴은 내 연구를 소개하는 책을 쓰면서 제목을 「인격적 삶」(*Personal Living*)이라 지었다.[79] 두 제목을 합치면, 삶의 어려움에 직면하여 갖는 용기와 인격적 접촉이 밀접하게 연관되어 있다는 것이 내 관점임을 알 수 있다. 나는 이것이 모든 심리치료사에게 적용될 수 있다고 생각한다. 강렬한 감정의 순간이 없다면 효과적인 치료를 할 수 없기 때문이다. 즉 환자는 감정을 내려놓고, 의사는 감정을 짊어져야 한다. 의사는 환자를 돕기 위해 이 감정의 부담을 용감하게 받아들여야 하며 그렇게 함으로써 환자에게 용기라는 약을 투여해야 한다.

스위스에서 '도움의 손'(la main tendue)이라 불리는 전화 상담 서비스에서도 이런 일이 일어났다. 이 제도는 내가 막 언급한, 현대인의 지독한 고독감에 응답한다. 내 생각에 그것은 심리치료보다 훨씬 더 어려운 것 같다. 응답자가 듣는 일에 매달려야 하기 때문이다. 이 일은 의사의 진료보다 더 수동적이면서 덜 전문적이다. 그리고 이 전화 상담 서비스에는 환자들이 싫어하는 시간 제한이란 것이 없다. 전화를 건 사람이 먼저 수화기를 내리기 전에 수화기를 내려놓지 않으려면 얼마나 큰 용기가 필요한지 모른다. 나는 전화를 별로 좋아하지 않는다. 전화 통화에서는 상대방과 눈을 맞출 수 없는데다, 직접 얼굴과 얼굴을 마주할 경우 매우 가치 있을 침묵의 순간이 재빨리 염려로 채워지기 때문이다. 그러므로 나는 이 일에 헌신한 사람들을 존경한다. 이런 이유로 나는 전화 상담 서비스를 유럽에 도입한 클라우스 토마스 박사와 스위스에서 이 제도를 시작한 레이널드 마틴 목사에게 이 책을 헌정한다.

다른 이들이 시련을 용감하게 감당하도록 돕고자 하는 사람이라면 누구나, 주의 깊게 듣기, 즉 칼 로저스(Carl Rogers)가 말하듯이 **공감적으로**(empathetically) 경청하는[93] 일에 수반되는 정서적 부담을 받아들여야 한다. 이 때 일종의 연속적 교류가 일어난다. 즉 자기의 분노나 불행, 낙담을 누군가에게 표현한다는 것은, 듣는 이에게 자기 감정의 짐을 지움으로 그 짐을 내려놓는 것과 같다. 그리스도인으로서 우리의 특권은, 예수 그리스도와 매일 친밀한 교제를 나누는 가운데 우리 짐을 그분께 내려놓음으로써 이 연쇄 반응을 깨뜨릴 수 있다는 것이다. 그분 자신이 우리에게 그렇게 하도록 권하셨다. 나는 끊임없이 이러한 체험을 한다. 그분 곁에 있으면, 다른 사람들이 내게 지운 감정의 짐을 내려놓을 수 있다. 물론 충분히는 아니다! 어느 날 아내와 나는, 내가 낮에 다른 부부를 화해시키는 일을 하고 나면 그날 저녁에 우리가 싸우곤 한다는 것을 깨닫게 되었다. 마치 악마가 그들에게서 빠져나와 내 안으로 들어온 것 같았다. 다행히 우리는 함께 기도할 수 있었다.

나는 또한 예수님과 함께함으로 용기를 얻을 수 있다. 모든 사람이 인정하듯 그분은 가장 탁월한 용기를 가진 분이시기 때문이다. 예수님은 하나님 아버지께 가장 용감하게 순종하셨던 분이다. 믿지 않는 자들도 우리의 중보 활동으로 자신도 모르게 자기 짐을 그분께 내려놓는다. 테헤란의 이슬람 신학 교수단 사람들이 내게 기독교의 영혼 치유에 대해 질문했다. 나는 내 관점으로 그것이 본질적으로 화해의 사역이며, 고백과 사죄를 통해 인간과 자기 자신을 화해시키고, 인간과 하나님을 화해시키는 일이라고 대답했다. 예수님께 나아옴으로써, 우리 자신을 있는 그대로 인정하고 받아들이는 용기를 내기 때문이다. 이것은 그분이 우리를 있는 모습 그대로 받아들이시고 용서하시고 사랑하셨기에 가능한 일이다. 우리는 이 점에 대해 상당히 오랫동안 이야기했다. 그들의 말로는 이런 관점이 이슬람권에서는 찾아보기 힘든 개인의 자기 인식을 내포하고 있다고 했다. 세례 요한은 예수님이 가실 길을 준비하기 위해 그분에 앞서 행했다(마 3:3). 따라서 그것은 '충성'으로의 길을 여는 고백이다. 유대인 앙드레 슈라키는 그의 훌륭한 신약 성경 번역본에서 예수 그리스도에 대한 신앙을 표현하기 위해 이 표현을 사용했다.[12]

용기를 상실한 시대

사회가 제시하는 온갖 타협안에 자신이 오염되도록 놓아두지 않고 진정한 사람, 자기다운 사람이 되기 위한 용기. 알렉산더 솔제니친(Alexander Solzhenitsyn)은 우리 현대 사회에서 이러한 용기가 쇠퇴하고 있다고 비판한다. 그것은 1978년 하버드 대학교에서 그가 강연했던 주제였다.[101] 먼저 그는 젊은 미국인들에게 그들이 이미 알고 있는 이야기, 곧 그가 조국의 권력 체제에 대항했다는 말을 했다. 하지만 곧 이 말을 덧붙였다. "나는 여러분의 사회를 우리 사회의 변화를 위한 이상으로 제안할 수 없습니다." 그는 이렇게 설명한다. "용기의 쇠퇴는 외부 관찰자가 오늘날 서방에서 목격하게 되는 가장 뚜렷한 특징일 것입니다." 서구 세계의 자유는 "쾌락을 누릴 거의 무제한적인 자유"일 뿐이다. 유일한 관심사는 부당한 특권을 유지하는 것이다. "아무런 변화도 일어나지 않아야 한다."

그는 "르네상스기에 발생한…'합리주의적 인본주의'라 부를 수 있는 현대 사상의 뿌리, 바로 그 토대 위에 놓인" 잘못을 찾으라고 권고하면서, "결국 기독교의 위대한 자비와 희생과 함께 기독교 시대의 도덕적 유산을 완전히 벗어 던졌다"고 말한다. 또한 그는 "우리가 가진 가장 귀한 것을 빼앗겼다"고 단언한다. 그것은 "동양에서는 당파 무리에게, 서양에서는 장사꾼 패거리에게 짓밟힌 우리 내면의 삶이다." 솔제니친을 갈릴레이에 비교한 사람이 누구인지는 기억나지 않는다. 어쨌든 갈릴레이는 불합리성이 지배하는 세계에서 합리성을 옹호하는 용기를 내었고, 솔제니친은 철저히 합리적인 세계에서 비합리적인 것을 옹호하는 용기를 내었다.

특권을 누리는 서구 국가들이 번영을 위해 지불한 대가, 내가 이 책 초반에 썼던 '상실의 결핍'의 대가는 바로 쇠퇴한 용기가 아닐까? 폴 리쾨르와 나누었던 대화가 머릿속에 떠오른다. 그는 환자들이 내게 들고 왔던 모든 문제의 뿌리가 무엇이라 생각하느냐고 물었다. 나는 '용기의 부족'이라고 대답했다. 그는 놀란 것 같았고, 불쑥 "예를 들어 주세요"라고 했다. 나는 머릿속에 떠오르는 첫 번째 예를 들었다. 나 자신과 동료 의사들이 무척 많이 다루게 되는 경우는 결혼 생활의 갈등이다. 그 문제를 면밀히 들여다보면, 부부 사이에 수년 간 갈등이 잠재해 있었지만 두 사람이 행복과 사랑을 느끼는 그 순간에는 감히 진실한 대화를 나눌 용기를 낼 수 없었음을 발견하게 된다. 그러다가 갈등을 가두어 두었던 댐이 갑자기 터지면서 서로에 대한 불만이 쏟아져 나오고 둘은 소스라치게 놀란다. 그들은 행복과 사랑을 지키기 위해 상대방에 대한 불만을 붙들어 매는 것이 옳다고 생각했을 것이다. 그런데 실은 용기가 부족했던 것이다.

용기가 필요한 이유

그렇다면 시련의 시기에 왜 용기가 필요한가? 첫째, 절망하기보다 용감하게 맞설 때 고통이 훨씬 덜하기 때문이다. 용기가 부족한 이들이건 점점 더 용기가 생겨서 고통을 덜 느끼는 이들이건 모든 사람들이 이것을 잘 알고 있다. 불행히도 충분한 의지가 없다. 우리가 의기소침해 있는 사람을 격려하려 하면, 그는 늘 우리가 자신에게 부족한 의지를 거론한다고 생각한다. 그리하여 그는 더욱 낙심한다. 또 우리가 그에게 용기의 모범 사례를 제시하면 그는 우리와 정반대의 반응을 보인다. 그는 다른 사람에게 가능한 일이 자신에게는 가능하지 않다고 믿고, 용기를 되찾는 것이 아니라 도리어 그것을 잃어버린다. 그로 하여금 다른 사람들이 자신을 이해하고 있다고 느끼게 하기 위해 우리는 이런 사람을 이해해야 한다. 우리는 그에게서 용기를 빼앗아 간 것이 의지 박약이 아니라 그의 병이라는 사실을 이해해야 한다.

건강한 사람이 용감하게 시련을 맞이한다면 그 어떤 시련도 덜 고통스러울 것이다. 하지만 더 중요한 것은 이러한 태도의 결과, 즉 창조성이다. 나는 다시 이 주제로 돌아가야겠다. 바로 상실과 창조성 사이에 있는 신비한 관계가 이 책을 쓰도록 자극했기 때문이다. 렌취니크 박사[87]와 에이날 박사[47]의 연구는, 정치가, 종교 지도자, 철학자, 과학자, 작가, 예술가 등 다수의 창조적 지성들이 다른 사람들보다 좌절과 상실을 훨씬 더 많이 겪었다는 것을 보여 주었다. 이러한 현상은 개인의 삶뿐 아니라 한 국가 안에서도 관찰되는 것 같다.

이 시점에서 우리는 고통이 정말로 생산적인 것인지 묻게 된다. 또 어떤 사람들이 생각하듯, 하나님이 사람의 유익을 위해 고통을 주신 것이 아닌가 하고 묻게 된다. 우리는 이 궤변을 물리쳤다. 그러나 고통 그 자체는 창조적인 것이 아니더라도, 고통 없이는 창조적인 사람이 되기 어렵다고 결론 내렸다. 창조성의 개념은 많든 적든 성장과 발전을 함축하고 있기 때문에, 다음과 같이 말할 수 있을 것이다. 사람을 자라게 하는 것은 고통이 아니지만, 고통 없이는 사람이 성장할 수 없다. 다시 한 번 말하거니와, 모든 상실과 고통은 창조성을 캐내기 위한 특별한 기회다. 우리에게 남겨진 몫은 그것이 왜 그런 것인지를 더 잘 이해하는 것이다.

8장 정보 이론에서 말하는 잡음

"적으로 알았던 것이 갑자기 동지와 친구로 보일 수 있다."

어떤 책을 읽는 도중 나는 갑자기 흥분의 전율을 느꼈다. 이 문제를 새롭게 조명해 주는 빛을 발견했던 것이다. 나는 이 감정을 당신과 함께 나누고 싶다. 그 책은 프랑스 의사이자 생물 물리학 교수인 앙리 아틀랑(Henri Atlan)의 책 「수정과 연기 사이에서: 생물체의 조직에 관한 소론」(*Entre le crystal et la fumée: essai sur l'organisation du vivant*)[2]이었다. 당신은 지난 30년 간 다음과 같은 새로운 분야들로 인해 얼마나 많은 발명과 기술적 발전이 일어났는지 알고 있다. 데이터 처리 작업과 원거리 통신 기술의 필요에 부응하기 위해 1948년에 쉐넌(C. E. Shannon)[100]이 정립한 정보 이론 그리고 인공 두뇌학(cybernetics)이 그러한 분야다. 인공 두뇌학은 이 명칭이 가리키듯 제어(governing: 기계가 목적에 맞는 동작을 하도록 조절하는 것-역주) 가능성, 즉 주어진 정보에 상응하여 결정을 내릴 수 있는 가능성을 열었다. 또 전자 공학과 이 분야들의 결합으로 휴대용 계산기와 컴퓨터가 발명되었고 그에 따라 우리 삶의 양식에 큰 변화가 일어났다.

나는 컴퓨터 분야가 단지 유용성 때문에 그렇게 놀랍도록 발전한 것인지 묻게 된다. 아마도 부분적으로는 모든 연령층의 어른들을 포함하여 아이들이 멋진 기계 장난감에 매혹되었기 때문이 아닐까 싶다. 이 기계들은 과학 연구에 없어서는 안 될 도구가 되었다. 더욱이 앞에서 언급한 새로운 분야들은 과학적 사고 자체를 변화시켰다. 자연 과학계나 대학에서의 자연 과학 교육뿐 아니라 철학과 심지어 신학에 이르기까지 일대 변화가 일어났다. 베르나르 모렐(Bernard Morel)은 이러한 변화를 재빨리 알아차리고 이미 1964년에 「인공 두뇌학과 초월」(*Cybernétique et transcendance*)[72]이라는 주목할 만한 책을 내놓았다.

특별히 생물학은 새로운 연구와 새로운 방법론을 지향하고 있다. 최소 단위의 반사 작용은 정보 이론 모델에 정확하게 부합한다. 이것은 두 가지 메시지를 담고 있는데 하나는 감각 메시지(sensory)이며 다른 하나는 운동 메시지(motor)로 각각은 같은 일련의 과정을 밟는다. 입력(entry)-암호화(coding)-암호 해독(decoding)-빠져나오기(exit)가 그것이다. 신경계 전체는 이 모델에 따라 작동한다. 신경계와 컴퓨터는 유사성이 있지만 그 연결 숫자 면에서 엄청난 차이가 있다. 인간의 두뇌에는 100억

개의 뉴런이 들어 있고, 그것은 컴퓨터 제작자들에게는 꿈의 숫자다. 물론 다른 차이점들도 있는데, 궁극적으로 둘은 완전히 다른 세계에 속한다. 나는 어느 날 장 드 루지망(Jean de Rougement) 박사가 이렇게 말하는 것을 들었다. "그래요. 두뇌는 일종의 컴퓨터지요. 하지만 그것은 어떤 컴퓨터도 던지지 않을 질문을 스스로 던집니다. '도대체 내가 여기서 무얼 하고 있지?' 하고 말입니다."

생명체의 자동 기계 장치와 컴퓨터의 주요 차이점은 앙리 아틀랑이 지적하듯 근본적인 것이다. 생명 장치는 스스로 만들어 내고 스스로 프로그램을 제공하지만, 컴퓨터는 제작자가 의도한 것 이상은 아무것도 할 수 없고 운영자가 입력한 프로그램을 따르기만 할 수 있을 뿐이다. 그리고 아틀랑은 인공 두뇌학이 생명 과학, 특히 생명 조직 영역에 진보를 가져왔는데, 거꾸로 생물학은 컴퓨터의 완성에 기여하지 못하는 것이 아닌가 하고 자문한다.

이는 단순히 신경계의 문제만이 아니기 때문이다. 우리 몸에 있는 약 300억 개의 세포는 각각 정보를 받고 전달한다. 각 세포는 정보를 암호에 담아 보내고 들어오는 정보를 해독한다. 앙드레 구도 페레(André Goudot-Perret) 부인도 보여 주었듯이,[41] 유전 암호의 발견은 자연이 정보 이론에 일치하는 방향으로 작동한다는 우리의 확신에 명백한 증거를 제공해 주었다. 실제로 유전자는 거대한 DNA 분자의 화학적 형태로 나타나며 단백질

합성을 명령한다. 단백질은 형태론적인 것뿐 아니라 물리-화학적이고 기능적인 것까지, 유기체의 모든 형질과 구조를 지배한다. 그리고 이 모든 시스템은 정보 이론의 고전적 모델에 상응한다. DNA는 각각의 염기에 따라 네 종류가 있다. A(Adenine: 아데닌), T(Tymine: 티민), G(Guanine: 구아닌), C(Cytosine: 시토신)인데 이 염기들은 연속적인 배열로 함께 뭉쳐서(세 개의 염기가 한 조로 된 DNA의 염기 배열—역주) 트리플릿 코드(triplet code) 혹은 코돈(codon: 3개의 뉴클레오티드로 구성된 유전 암호의 최소 단위. 뉴클레오티드는 염기와 당과 인산기가 결합된 것이다—역주)이 되어 암호화된 메시지를 이룬다. 그 메시지는 "네 개의 알파벳 기호로 적혀 있으며" 스무 개의 핵산에 보내진다. 그리고 핵산은 "스무 개의 알파벳 기호로 적힌" 암호화된 메시지에 따라 단백질 합성을 명령한다. 이 모든 과정에 컴퓨터의 이진법적 언어가 사용된다.

이것은 보편적인 정보 시스템이다. "지금까지 연구된 모든 생명체에 공통적으로 해당되는 암호화 방법을 이루기 때문이다." 따라서 이 시스템은 한 세대에서 다른 세대로 그리고 각 유기체 안에서는 한 세포에서 다른 세포로 메시지를 성실하게 전달함으로써 종의 불변성을 보장한다. 그런데 샹폴리옹(Champollion)이 이집트 상형 문자를 해독했듯이, 결국 이 유전 암호를 해독할 수 있게 되었다. 그리하여 스무 개의 핵산 각각에 상응하는 트리플릿 코드의 배열표가 작성되었다.

앙리 아틀랑의 주요 관심사는 내가 말했듯 언젠가 생명 조직의 열쇠, 달리 말해 생명의 비밀을 발견하는 것이다. 생명체는 무생물, 즉 무기물의 세계와 같은 원자로 구성되어 있기 때문이다. 성인의 몸에는 대략 7×10^{27}(7뒤에 0이 무려 27개나 따라온다!)개의 원자가 있다고 한다. 제네바에 있는 유럽 공동 원자핵 연구소(CERN) 물리학자들이나 미국 혹은 러시아의 물리학자들은 둥근 터널 형태의 입자 가속기를 어마어마한 속도로 가동시켜 원자들을 완전히 쪼개어 극소량의 원자핵 입자를 얻어 낸다. 그런데 바로 우리 몸이 그것과 똑같은 종류의 미립자로 이루어져 있음이 분명하다. 그러므로 생명체는 구성 면에서는 무기물의 세계와 구분되지 않으며 단지 조직 면에서 구분될 따름이다. 앙리 아틀랑 같은 생물 물리학자들이 밝히고자 하는 비밀이 바로 생명체의 조직이다.

이것은 흥미로운 모험이다. 나는 서둘러 이 과학자의 더 포괄적인 책 「생명 조직과 정보 이론」(*L'organization biologique et la théorie de l'information*)[3]을 읽었다. 물론 나는 거기에 나오는 방정식을 완전히 이해하지 못했다. 내가 무척 좋아하고 신문에 가끔 나오는 간단한 퀴즈를 푸는 일을 제외하면 나는 60년이 넘는 세월 동안 수학을 공부한 적이 없다. 하지만 수학에 대한 열정이 남아 있었던지, 데이터 처리론, 인공 두뇌학, 전자 공학과 같은, 내가 학생이었던 시절에는 알려지지 않은 분야였던 과학을 이해하려고 애쓰는 일이 무척 즐거웠다. 내 나이 또래 고

령자 상당수가 지루해하면서도 자기 지식의 공백을 메울 생각을 전혀 하지 않는 반면, 어쨌든 나는 그것이 아주 재미있었다. 당신은 어떻게 내가 상실을 통해 창조성을 자극받아 왔는지 알 것이다. "일에 착수하기 위해 반드시 소망해야 하는 것은 아니고, 지속하기 위해 반드시 성공해야 하는 것도 아니다." 침묵의 기욤(William the Silent: 윌리엄 1세. 프랑스 남부 오렌지 공국의 소유자로 네덜란드의 독립을 위해 스페인과의 전쟁을 지휘하다 전사하였다—역주)이 한 말이다.

'잡음'과 고통, '잡음'과 창조성

나는 앙리 아틀랑의 모든 방정식을 이해할 필요가 없었다. 내 관심사는 그의 관심사와 다르기 때문이다. 즉 생명 조직의 신비를 벗겨 내는 것이 아니라 상실에서 나오는 창조성 문제를 밝히는 것이 나의 관심사였다. 나는 정보 이론이 '잡음'(noise)이라는 새로운 개념을 통해 여기서 우리에게 기여할 수 있는 것이 무엇인지를 즉시 알아차렸다.

쉐넌의 정보 이론에서 잡음으로 불리는 것은 무엇인가? 두 가지 비유로 쉽게 이해할 수 있을 것이다. 전화를 할 때 전화선 상태가 좋으면 의사소통이 잘 되고 상대방의 말을 완벽하게 이해할 수 있다. 하지만 전화선에 결함이 있으면 잡음이 생겨서 의사소통이 방해를 받고 상대방이 말한 내용을 알아듣기 힘들어진다. 두 번째 예는 기계공이 모터나 기계 돌아가는 소리를 아주 세밀하게 듣는 것이다. 그는 지극히 작은 소리라도 감지할 태세다. 조금이라도 이상한 소리가 난다면 문제가 있다는 뜻이며 그 소리로 문제를 진단할 수 있다. 이는 의사가 환자의 심장과 폐에서 나는 소리로 진단을 내리는 것과 비슷하다. 아틀랑은 이렇게 쓰고 있다. "정보 전달 과정에서 다양한 인자(因子)에 의해 오류가 발생하며 이 인자들은 우발적으로 개입한다. 따라서 이것들은 잡음 인자로 불린다."[2]

쉐넌은 원거리 통신 분야에서 효율성을 극대화할 목적으로 자신의 이론을 다듬어 갔다. 아틀랑이 말하듯이, 그의 이론은 오직 메시지의 충실한 전달에만 집중한다. 이는 전달물의 내용에는 전혀 신경 쓰지 않는 우편 제도와 같다. 이러한 관점에서 잡음 인자들은 당연히 모든 수단을 동원해 싸워야 할 적으로 간주된다. 그러한 수단으로는 텍스트의 반복, 정밀한 기호화 절차, 그 외 다른 기법들이 있을 것이다. 하지만 정보 이론을 생물학에 적용하면서 우리는 놀라운 전환점에 이르게 된다. 적으로 알았던 것이 갑자기 동지와 친구로 보일 수 있기 때문이다. 무척 해로운 요인이라고 여겼던 잡음이 '이로운 효과'를 발휘할 수 있다. 아틀랑은 위버(Weaver)[113]의 표현을 빌려 그렇게 썼다. 이제 이 역설을 검토해 볼 필요가 있다.

무엇보다 종의 진화 문제가 있다. 알다시피 다윈의 이론은 그럴듯하지만 획득 형질(acquired characteristics: 후천적으로 얻어진 형질-역주)의 유전적 전달을 함축하기 때문에 도전을 받아 왔다. 사실 이 전달 과정은 관찰되지 않는 것이었으나 유전 암호의 발견 이후 좀더 잘 이해할 수 있게 되었다. 분명 유전 암호는 주체가 일생 동안 경험하는 어떠한 변화 과정에도 영향받지 않고 그대로 보존된다. 그런데 드 브리스(De Vries)가 갑작스럽고 자연 발생적인 돌연변이 개념을 제시하여 변형주의(transformism)를 복구시켰다. 돌연변이는 어떤 예측도 불가능할 정도로 드문 현상이다. 지금은 모든 생물학자들이 신(新) 변형주의 이론으로 불리는 이 입장을 받아들인다.

그런데 드 브리스가 주장하는 돌연변이는 잡음에 대한 아틀랑의 정의, 즉 "암호의 재생산 과정에서 발생하는 우발적 오류"라는 것에 꼭 들어맞는다. 그리고 획득 형질의 유전적 전달 가능성을 인정하지 못할지라도, 이렇게 변형된 암호의 전달 가능성을 받아들이는 것은 어렵지 않다. 따라서 단세포 생물에서부터 인간에 이르기까지, 복잡으로 나아가는 환상적인 진보를 보여 주는 종의 진화 전체를 설명하는 필요 충분적인 열쇠는 잡음, 즉 암호 복제 과정에서 나타나는 일련의 우발적 오류다. 그러니 암호의 '이로운 효과'라고 이야기하는 것도 당연하다.

그러나 결코 그뿐이 아니다. 이러한 복잡성으로 나아가는 진보, 해부학적, 생리학적, 심리학적 분화 과정 속에서의 진보는 바로 이 잡음에서 시작되는 것 같다. 그러한 분화 과정은 생명체와 그 조직, 요컨대 그 질서의 고유한 특질이다. 이것이 바로 앙리 아틀랑의 논제이며, "잡음에서부터 시작되는 질서 원리"를 처음으로 제창했던 폰 푀르스터(Von Foerster: 인공 두뇌학을 집중적으로 연구한 오스트리아 태생의 생물 물리학자—역주)[25] 연구를 계승한 것의 결과물이다.

그러나 분명 이들은 가설의 영역에 속한다. 이 가설들이 약속으로 가득하고 그럴듯해 보여도 검증받기 위해서는 많은 작업이 필요하다. 나는 이 가설들을 진지하게 논의할 능력이 없다. 하지만 이 생물학자들의 연구를 살펴보는 것은 아주 흥미로운 일이다. 내가 이러한 검토를 통해 이끌어낸 것은 선과 악, 나쁜 행위와 선한 행위, 시련과 창조성을 새로운 관점에서 바라볼 수 있게 해준다. 잡음은 오류이며 악이다. 우리가 살펴보았듯이 그것은 정보의 충실한 전달을 방해하며 물리쳐야 할 대상이다. 하지만 잡음은 정보 전달 과정에 새로운 요소를 끌어들이고 그리하여 정보를 풍성하게 만들 수 있다. 이런 면에서 아틀랑은 이렇게 썼다. "떼어 놓고 보면 정보의 파괴처럼 보이는 것이 포괄적인 안목에서는 정보의 창출로 여겨질 수 있다. 이는 가능한 일이며 모순이 아니다."

'잡음'과 상실의 유사성

그렇다. 이 말을 듣고 무언가가 떠오르지 않는가? 당신은 모니크 크레스만 부인을 기억할 것이다. 그녀는 자기 남편과의 사소한 불화가 그 당시에는 너무나 파괴적인 것으로 보였지만 후에 더 '포괄적인' 관점에서 볼 때, 즉 인생 전체를 놓고 볼 때는 건설적인 것으로 느껴졌다고 말했다. 내가 그랬던 것처럼, 분명 당신은 데이터 처리론에서 말하는 잡음과 내가 에이날 박사에게서 인용한 상실의 개념에 놀라운 유사성이 있다는 것을 감지했을 것이다. 잡음은 상실의 한 형태인 것이다! 두 용어 자체가 유사성이 있음을 암시한다. 잡음은 정보 복제 과정에서 생긴 오류이고 정보의 정확성이 상실된 것이다. 이것은 정보에 흠을 낸다. 여기서 흠은 두 가지 의미, 즉 오류뿐 아니라 상실 또한 내포하고 있는 말이다.

하지만 더 근본적인 유사성이 있다. 잡음은 정보의 전달을 방해하는 것으로 사물의 질서나 정상적인 진행 과정을 어지럽힌다. 내가 말한 모든 종류의 상실이 바로 이런 일을 한다. 죽음(렌취니크 박사가 관심을 가진 고아의 경우는 부모의 죽음이 상실을 의미한다), 사고, 질병, 실패, 사랑의 슬픔, 신체 장애, 노화가 찾아오면 갑자기 정상적으로 살아 갈 수 없게 된다. 이런 상실은 잡음이 정보를 파괴할 때처럼 우리에게 심각한 영향을 미친다.

하지만 아틀랑의 말을 좀더 들어 보라. "만약에 이러한 우발적 교란의 영향을 받아도 (유기체의) 시스템이 파괴되거나 흐트러지는 것이 아니라 그에 반응해서 복잡성을 증가시키고 계속 작동한다면, 우리는 이 시스템이 자기 조직적(self-organizing)이라고 말할 것이다.…바꾸어 말하면, 자기 조직화의 속성은 조직을 생산하기 위해 '잡음', 즉 우발적 교란을 이용할 가능성과 관련이 있는 것 같다." 알다시피, 내가 앞에서 묘사한 상실의 딜레마는 두 가지 가능한 반응—파괴인가, 창조인가?—과 함께 여기서 다시 등장한다. 또한 내가 앞서 주장했던 차이점의 문제로 되돌아온다. 즉 창조를 일으키는 것은 잡음 자체가 아니라 잡음에 대한 주체의 반응이다. 생물학자들의 연구가 좋은 쪽과 나쁜 쪽 사이의 균형을 깨뜨리는 것이 무엇인지 설명해 줄 수 있다면 분명 우리에게 귀중한 도움이 될 것이다.

예를 들어 내가 얼마 전에 언급한 바 있고 모든 심리학자들이 잘 아는 결혼 생활의 갈등 문제는 폴 플래트너(Paul Plattner)[81]가 훌륭하게 묘사했듯 이 과정을 잘 보여 준다. 부부가 상대방에게 적응하는 동안 작은 갈등이 오랫동안 계속되어도 그들이 이 갈등을 용기 있게 감당한다면, 서서히 둘 사이의 심리 조직이 완성될 것이다. 그것은 신혼의 단순한 관계보다 훨씬 더 복합적이고 생산적이며 견고한 관계가 될 것이다. 반면에 용기가 없어서 평화를 명분으로 갈등을 회피한다면, 결과적으로 서로 소원해지고 온갖 종류의 억압된 불만이 갑자기 표면에 떠올라 파국으로 치달을 수 있다.

실수를 통한 창조성

정보 이론과 잡음 이론에 대한 글을 읽었을 때, 학생으로부터 오류 없는 답안을 얻어 내는 것 외에는 달리 이상이 없는 교육가 부류를 떠올리지 않을 수 없었다. 그들은 학생이 저지르는 실수를 세는 것 외에는 다른 평가 수단을 모른다. 우리 역시 마찬가지기 때문에 여기서 전문 교육가들을 공격하려는 의도는 없다. 자식에게서 완벽을 기대하지 않는 부모가 있는가? 보마르셰(Beaumarchais)가 「세빌리아의 이발사」(*Le Barbier de Séville*)에서 남긴 유명한 말을 이렇게 바꿀 수 있을 것이다. "아이에게 요구하는 덕목을 보건대, 많은 부모들이 어린아이가 되어야 마땅하다는 것을 각하는 아십니까?"

이 말은 내가 예전에 했던 생각을 상기시켜 주었다. 나는 그것을 한 번도 발설한 적이 없다. 내가 앞서 언급했던 프리츠 분노의 어린 시절만큼이나 억압되었던 어느 신경증 환자의 어린 시절 이야기를 듣고 나는 다음과 같이 중얼거렸다. "화 있을진저, 한 번도 속임수를 쓰지 않은 아이여!" 가장 기초적인 도덕률인 진실함을 거스르는 훈계를 한다고 비난받지는 않을까 두렵다. 하지만 연약한 아이가 전능한 부모에게 저항할 수단이 속임수 말고 무엇이 있겠는가? 드뢰셔(Dröscher)가 잘 보여 주었듯이[20] 생존을 위해 많은 속임수를 동원하는 것이 동물의 습성 아닌가? 다행히 나는 다른 모든 건강한 아이들과 마찬가지로 속임수를 쓴 적이 있다. 나는 라틴어 문법책을 파브르(Fabre)의 「곤충기」(*Souvenirs entomologiques*, 삼성출판사 역간)[24] 밑에 넣어 두었다. 내 방으로 누가 다가오는 소리를 들으면 얼른 둘을 바꿔치기하려고 말이다. 그 때문에 라틴어에서 나쁜 점수를 받았지만 생물학에 대한 관심이 커졌다.

하지만 자신에게 지나치게 엄격할 수도 있다. 나는 소위 완벽주의자들을 치료한 경험이 많은데, 그들은 아주 사소한 실수를 저지르는 것에 대한 강박적인 두려움으로 삶이 마비되어 있었다. 이러한 두려움이 창조성을 질식시켜 버렸다. 창조성은 자유롭고 자발적인 분위기에서만 꽃피기 때문이다.

따라서 실수를 통해 우리가 성장한다는 것을 알면 얼마나 위로가 되는지 모른다. 유서 깊은 종교적 금언을 비종교적으로 바꾸어 이렇게 표현할 수 있을 것이다. '펠릭스 쿨파'(Felix culpa), 즉 행복한 과오(happy fault)라! 또 인간이라는 경이로운 존재에 이르기까지 생물계 전체가 유전 암호의 복제 과정에서 생긴 실수를 통해 발전해 왔다는 것을 알면 얼마나 격려가 되는지 모른다. 시편 기자는 그 놀라운 세계로 우리를 초대했다(시 19편). 그러므로 "조직을 생산하기 위해 우발적인 혼란인 '잡음'을 이용하는" 기술은 하나님의 방법, 그분의 교육법일 것이다. 이 말은 내가 조금 전에 인용한 아틀랑의 표현이다. 조직을 생산하는 것은 믿는 자의 눈으로 보든 과학자의 눈으로 보든 창조주의 일이 아닌가?

그렇다. 나는 아틀랑이 보여 주듯, 자신의 계획을 실행하기 위해 잡음을 사용하고 그 손실을 만회하는 것이 하나님의 방법이라고 믿는 편이다. 그분이 우리의 구원을 위해 악을 이용하는

8장 정보 이론에서 말하는 잡음

것이 한 예일 것이다. 이러한 관점은 선(잡음 없는 정보)과 악(정보를 교란시키는 잡음)을 대치시키는 마니교 사상을 반박한다. 십자가에서 무슨 일이 일어났는가? 가장 불의한 악이 그 곳에서 가장 큰 은혜로 확증되지 않았는가?

착오와 실수 행위

우리 심리치료사들은 정보를 교란시키는 우발적 인자인 잡음, 이 훼방꾼을 잘 알며 그것을 착오라 부른다. 그렇다. 잡음은 정보에 들어 있는 착오다. 그리고 드 브리스가 주장하는 엉뚱한 돌연변이 역시 유전 암호의 전달 과정에서 발생하는 착오다. 그러므로 살아 있는 종(種)들의 경이로운 다양성은 바로 DNA의 착오에 기인한다. 그것은 언어의 발전에서 착오가 하는 역할을 생각한다면 별로 놀라운 일이 아닌 것 같다. 계속되는 착오 탓이 아니라면 어떻게 해서 하나의 라틴어 말이 이탈리아어, 프랑스어, 스페인어라는 서로 다른 세 가지 말로 변형되었겠는가?

나는 강연을 할 때 착오가 일어나 난처해지기도 한다. 그것은 내 생각이 바로 전달되는 것을 방해한다. 착오가 있었다는 것을 알아차리면 나는 서둘러 사과한다. "아, 미안합니다. 제가 착각했군요." 따라서 착오는 잘못이요 결여다. 그렇기 때문에 프로이트는 이러한 착오를 '실수 행위'로 분류했다. 망각과 모든 비언어적 요소의 방해, 즉 의도에 맞지 않는 몸짓, 행동, 태도 또한 여기에 속한다.

프로이트 이전에는 착오와 모든 종류의 실수 행위가 단순히 유감스러운 사건으로 여겨졌다. 프로이트의 천재성은 그것들이 우발적인 사건이 아니라 의미를 지니고 있다는 것을 보여 준 데서 드러난다. 그것들 역시 언어요 정보요 상당한 중요성을 갖는다는 것이다. 따라서 말을 할 때 두 가지 정보가 중첩된다. 하나는 명시적인 것으로 화자가 전달하기 원하는 것이며 다른 하나는 무의식적인 것으로 완전히 다른 것을 표현한다. 정보는 방해받고 축소되지만, 착오가 그에 추가되어 전달되는 정보의 총량은 늘어난다. 잡음에 관해 내가 인용한 아틀랑의 말은 바로 이 이야기다.

어떤 학파에 속했다고 자처하든 간에, 모든 심리학자들은 프로이트의 '실수 행위' 이론에 동의한다. 우리 역시 일상 생활에서 이 이론을 입증할 수 있다. 프로이트 덕분에 우리는 착오의 의미를 일반적 견지에서 쉽게 해독하게 되었고, 적어도 우리 자신과 환자가 저지르는 착오에 의미가 있다는 것을 감지하게 되었다. 또한 환자도 그것을 감지할 수 있다. 의미를 가진 사고(accident)는 더 이상 사고가 아니다. 당신은 앙리 아틀랑이 자크 모노[7)]와 달리 사고란 단어를 사용하지 않고, 우발적(aleatory, 라틴어로 *alea*는 주사위 던지기를 의미한다) 인자, 즉 예측 불능 요인이라는 말을 더 선호했음을 주목할 것이다. 물리적 현상은 원인을 알기 때문에 예측할 수 있다. 반면에 심리적 현상은 우발적이다. 하지만 나중에 가서 그 현상의 의미, 목적을 통해 그것을 이해할 수 있다.

수세기를 거치며 고(古)문서를 우리에게 전달하는 과정에서 필사자들이 저지르는 실수도 생각해 볼 수 있다. 그러한 실수는 문학자나 주석가들에게 큰 골칫거리다. 이들은 원본을 재현하기 위해 필사 과정에서 저지른 실수를 찾아내야 한다. 하지만 필사자가 왜 그런 착오를 일으켰는지 물어볼 수도 있다. 그리고 이 질문에 대한 대답은 문학사적 중요성을 가진다.

융과의 논쟁에서 잘 드러났듯 프로이트는 목적 개념을 부정했지만 그것을 과학에 다시 끌어들였다. 유전학자들도 같은 일을 했다. 잡음 이론도 목적 개념을 함축한다. 잡음이 일종의 착오라면 그것은 의미와 목적을 가지기 때문이다. 아틀랑도 단호하게 말한다. "어떤 단일한 사건이 일어나 시스템의 어느 경로에서 의사소통을 방해하면 거기서 의미가 탄생한다."

착오가 일어날 때 무슨 일이 생길 수 있는지 살펴보자. 다행스럽게도 착오는 우리가 감지할 수 없었던 문제를 드러낸다. 예를 들어 성인 아이처럼 보이는 어느 남자가 말이 헛나와 자기 아내를 엄마라고 부른다고 해 보자. 그는 아내로부터 극진한 보살핌을 받고, 모든 책임을 아내에게 지우고, 곤란한 사건이 일어날 때마다 아내가 자신을 보호해야 할 의무라도 있는 양 그녀를 비난해 왔다. 그런데 이제 그는 이런 착오를 통해 그것이 표현하는 진리를 의사가 그에게 말해 주는 것보다 훨씬 더 잘 이해할 수 있다. 그에게 중요한 것은 어떤 이론을 지적으로 이해하는 것이 아니라 자신이 겪고 있는 문제가 이것이며, 자신이 아기처럼 처신했고, 아기가 엄마에게 하듯 아내를 못살게 굴었으며, 아내가 독자적인 삶을 살기 위해 자신을 떠난다면 불안하고 질투가 날 것이라고 느끼는 것이기 때문이다. 심지어 본질적인 것은 이러한 발견도 아닐 것이다. 더 발전하여, 어른답게 책임질 수 있어야 하고 책임지려는 열망을 가질 수 있어야 한다.

나는 단순하게 전개되지 않고 극적인 순간도 있게 마련인 과정을 요약해서 보여 주었다. 이러한 과정은 꿈을 분석함으로써 드러날 수도 있다. 하지만 그 과정을 시작케 하는 것은 어떤 착오일 것이다. 그는 더 깊은 조사를 피하려는 듯 재빨리 자기 실수를 유감스러운 사건으로, 즉 어쩌다 말이 헛나온 것으로 해명한다. 나는 하나님이 자신을 위한 계획을 가지고 있다고 확신하는 신자들을 치료하면서, 이들 중 많은 사람들이 완전 무결하게 순종해야만 그 계획을 실현할 수 있을 것이라고 생각한다는 사실을 알았다. 약간의 잘못도 저지르지 않아야 한다는 것이다. 그것은 윤리적 강박관념에 가까웠다. 하나님이 우리를 인도하시기 위해 우리 잘못도 사용하신다는 것을 알면 얼마나 마음이 편해지는지 모른다.

배움의 두 가지 방식

앙리 아틀랑은 스위스 출신인 장 피아제(Jean Piaget)[80]의 말을 인용한다. 나는 그와의 만남과 그가 교사 없는 배움이라고 부르는 것을 무척 좋아했다. 배움의 방식에는 두 가지가 있다. 즉 교사가 주도하는 배움과 교사의 도움이 없는 배움이다. 물론 책도 교사에 속한다. 교사는 우리가 더 바르게 처신하기 위해, 더 정확하게 세기 위해, 더 효과적으로 말하고 쓰기 위해, 그림을 더 잘 그리고, 바느질을 더 잘 하고, 연장을 더 잘 쓰고, 스키를 더 잘 타기 위해 알아야 하고, 해야 할 것을 가르쳐 준다. 처음에는 실수 없이 해 내기 위해 이 모든 것을 외우는 것이 중요하다. 모든 실수에는 나쁜 점수가 따른다. 이는 벌을 받는 셈인데 우리 기억을 일깨우고자 함이다. 다른 학습 방법은 모색이나 시행 착오의 방법이다. 이는 자신이 원하고 좋아해서 거리낌 없이 수많은 시도를 해 보는 것이다. 성공의 비결을 스스로 터득하기까지 온갖 실수를 저지를지 모른다. 1그램의 성공을 위해 1톤의 실수를 하는 것이다.

그런데 특히 아이들이 좋아하고 아이들에게 적합한 것은 두 번째 방법이다. 피아제는 어린아이들에 대한 연구에서 예리한 통찰력을 보여 주었다. 아이들은 호기심과 창조성이 넘쳐난다. 뭐든지 만지고 조작한다. 무엇이든 시도하여 무슨 일이 일어났는지 알려 한다. 정확하게 해야 한다는 걱정은 하지 않는다. 어른들을 무기력하게 만드는 실수에 대한 두려움도 그들에겐 없다. 이런 방식으로 아이들은 세계를 발견하고 점차 그것에 자신을 적응시켜 간다. 그리하여 자기 자신과 자신의 가능성 및 한계를 발견해 간다. 아기가 동작을 잘 조절하여―이것은 어떤 교사도 가르쳐 줄 수 없다―앞으로 걸어가면, 우리는 모두 탄성을 지른다. "아기가 걷고 있어!" 하지만 그는 자신이 한 일이 무엇인지 모른다. 그는 자신이 지금 막 해 낸 일이 걸음마라고 말해 줄 교사가 필요할 것이다.

물론 그의 교육은 다른 방법, 즉 엄격하게 짜여진 통상적인 학교 교육으로 보완되어야 할 것이다. 하지만 여기에는 그에게 지식보다 더 많은 배움을 제공해 줄 개인의 창조성이 끼여들 여지가 없다. 교사는 나에게 파리가 세느 강변에 있으며, 로마는 티베르 강변에, 뉴욕은 허드슨 만에 있다고 가르쳐 줄 수 있다. 그러나 나는 그 곳에 직접 가 보았기 때문에, 세느 강변을 거닐며 친한 친구와 우리 직업의 의미에 대해 논하고 그림 같은 책 가판대에서 오래된 책을 들추어 보았던 추억이 먼저 떠오른다. 혹은 티베르 강가 카스텔 산탄젤로(Castel Sant'Angelo: 로마에 있는 성채 요새―역주)의 윤곽이나 허드슨 만의 거대한 다리가 떠오른다. 다리 이름은 생각나지 않는다. 지도에서 찾아봐야 할 것이다. 하지만 푸코(Foucault)가 지적했듯이 이름을 아는 것보다 사물을 아는 것이 더 중요하다.[26] 지도는 사물이지만 인위적인 것이다. 그것은 모든 이름을 가르쳐 주지만 살아 있는 것은 아니다. 그럼에도 내가 지리를 배우려면 학교 생활에 충실해야만 했다.

그러므로 세계를 발견하는 데는 상호 보완적인 두 가지 방식이 있다. 어린아이들이 좋아하는 암중모색의 방법은 완전히 자발적이며 공백이 있고 비연속적이며 우리 인생처럼 도통 체계가 없다. 그것은 조금씩 진행되며, 선으로 연결되어 있지 않은 점들을 찍는 것과 같다. 그것은 독특하고 엉뚱하며 흥미로운 세부 사항들에 몰두하고, 스스로 경탄한다. 체계적 방법은 반복적인 것에 몰두하며 법칙을 찾고 계수를 설정하며 이론을 정립하고 박학다식하게 만들려고 한다. 중요한 것은 무엇을 하느냐가 아니라 어떤 정신 상태에 있느냐다. 즉 평상시와 똑같은 기분과 방식으로 여행을 하는 사람들이 있는가 하면, 클롭펜스타인(Klopfenstein)처럼 "태양은 매일 새롭다"[59]고 느끼는 사람들도 있는 것이다.

9장 일상성과 창조성

"시련만이 신체적, 정신적 습관의 굳은 껍질을 깨뜨린다."

따라서 독특한 것과 반복적인 것은 변증법적 관계에 있다. 암중모색의 방법론은 창조성을 캐내고 자극하며, 새롭고 예측할 수 없는 것을 추구한다. 반면에 다른 방법론은 일상적인 것을 끌어내려고 한다. 창조성은 완전히 새롭고 독특하며 뜻밖에 일어나는 현상이다. 그렇기 때문에 일상성이 반복되면, 바로 그 때문에 즉각 창조성을 잃게 된다. 예상치 못한 새로운 시작이 없는 생명은 상상도 할 수 없다. 아틀랑이 말하길, 생명의 기원 문제는 최초 프로그램의 출현이라는 문제로 되돌아갔다. 이 순간부터 '잡음'이 없는 한, 새로운 시작을 의미하는 최초 프로그램은 계속된다. 따라서 일상성은 생명의 열매다. 하지만 동시에 그것은 생명체의 독특함을 빼앗아 가고 생명체를 화석화한다. 알베르 들로네이(Albert Delaunay)는 창조적 정신을 가진 어느 학생에 대해 이야기한다.[16] 그는 물리학자가 되고 싶어서 교사에게 찾아가 자기 마음을 털어놓았다. 교사는 연구자가 되고 싶다면 다른 분야를 찾아보아야 할 것이라고 대답했다. 물리학은 완결된 학문으로, 모든 것이 밝혀져서 더 이상 연구할 것이 없다는 이유에서였다. 그런데 막스 플랑크(Max Planck)라는 이 학생은 자신의 환상을 깨뜨리는 충고를 듣고서도 물리학 연구에 매달렸다. 그는 이 학문의 토대를 뒤흔들어 무기력 상태에서 구해 내고, 자신의 양자 이론으로 활력을 불어넣었다. 이것은 환상적인 일화다. 가장 과학적인 학문이라고 하는 물리학은 이렇게 해서 비연속적이고 우발적이고 예측 불가능한 세계를 재발견했다. 우리는 그 세계의 개연성(probability)만을 측정할 수 있을 뿐이다.

플랑크가 등장한 이후로, 전자(電子)가 타원형 궤도를 속임 수 없이 항상 얌전하게 운행한다는 관점을 고수할 수 없게 되었다. 전자는 이 궤도에서 저 궤도로 넘나든다. 일정한 패턴이 있는 것도 아니고 갑자기 어디론가 튀어 오른다. 나는 이 점이 무척 매력적이라고 생각한다. 이러한 도약은 예측할 수 없는 현상이기 때문에 전자가 튀어 오를 개연성만을 말할 수 있을 뿐이다. 나 또한 과학에서 신앙으로, 유전학에서 정신 분석학으로 넘나든다. 나는 체계적 사고를 하는 사상가들을 약간 당황하게 만드는 경향이 있다. 그들은 각 분야를 뒤섞으면 안 된다는 것을 내게 계속 상기시켰고 실제로 그렇게 말했다. 나에게도 약간의 양자 에너지가 있는 것 같다. 내가 가진 에너지는 실제 양자처럼 아주 적은 양이지만, 자신이 원하는 방향으로 나를 이끌고 간다. 이 때 과학, 종교, 혹은 정신 분석학의 교조주의(dogmatism)에 개의치 않는다. 나는 그것들을 뒤섞는 것이 아니라 이 분야에서 저 분야로 뛰어넘을 뿐이다. 그로 인해 젊음을 유지한다. 호기심은 장벽 너머를 보게 만든다. 나는 은퇴 준비에 관한 강연에서 쓰려고 다음과 같은 표어를 만든 적이 있다. "호기심이 있는 한 늙지 않는다."

알다시피 앞에서 말한 물리학계의 격변과 양자 이론은 내게 도움이 되었다. 한 궤도를 계속 도는 것이 아니라 톡톡 튀어 오르는 전자들에는 젊음의 기운이 있다. 심지어 독신자로 불리는 외로운 전자들은 자기 욕구를 충족시켜 줄 양(+)전하를 찾아 튀어 오른다. 나의 학창 시절에는 과학이 증명해 주었던 절대적이고 보편적인 결정론이 의기양양한 목소리로 거론되었는데, 지금은 그 기세가 완전히 꺾여 버렸다. 이 결정론은 하나님이 세상을 창조하셨고, 사람이 한 개인으로서 그분에게서 자유와 책임을 부여받았다는 관념이 들어설 여지를 허용하지 않았다. 그런데 다행히도 나는 샤를르 귀예(Charles E. Guye)에게서 배울 기회가 있었다. 그는 아인슈타인의 이론을 실험적으로 증명한 최초의 인물로, 항상 자연 법칙의 통계적 성격을 강조했다. 알고 보면 이 법칙들의 명백한 엄밀함은 춤추는 전자와 다른 미립자들에 대한 멋진 개인적 환상에서 비롯된 것이다.

현대 사회에서의 창조성의 한계

서구 기술 문명은 언뜻 보면 창조성을 키워 주는 것 같다. 수많은 경이로운 발견과 발명의 무대를 제공했기 때문이다. 하지만 그것은 착각이다. 실제로 서구 기술 문명에서는 창조성의 모험이 실험실의 과학자나 산업계의 막강한 대실업가들과 같은 소수 특권층에게만 허용되었다. 이 범위 밖에서는 절대 다수의 우리 현대인들이 로보트나 순한 양으로 바뀌었다. 그리하여 우리 삶은 지독하게 단조롭고 지루한 일상이 되어 버렸다. '지하철-일-잠'이라는 말이 있다. 일은 단순한 일을 하는 사람들에게 일상사가 되어 버렸다. 또한 직업 세계의 위계 질서에서 높은 위치로 올라갈 기회가 없는 사람들은 일에서 전혀 흥미를 느끼지 못한다.

과거의 장인(匠人) 사회는 한결같이 개인의 창조성을 요구했다. 장인은 많은 일을 즉흥적으로 해 내야 했다. 종종 자기가 쓸 연장을 직접 만들어야 했고, 정교하고 효과적인 수단을 찾아야 했다. 장인은 작품 전체를 창조해 냈고, 자기 작업의 결과물을 보았으며 그것을 소비자에게 직접 내다 팔았다. 이 때 약간의 대화를 나누었고 흥정이 이루어지기도 했다. 사고파는 사람은 사전에 결과를 알았지만, 흥정은 매우 미묘한 재미를 주었고 개인적 접촉의 기회가 되었다. 그리고 장인은 자기 상품의 질과 솜씨에 대한 칭찬에 매우 민감하게 반응했다. 이러한 칭찬은 엄청난 격려가 되었다. 비판의 소리에도 귀를 기울여 독창적인 방식으로 문제를 해결하려 했다. 옷을 만들기까지, 요리를 내놓기까지 긴 조정의 시간을 거쳤다. 지금은 기성복과 냉장고에서 꺼내 바로 조리해 먹을 수 있는 식품이 가게에서 우리를 기다리고 있는 세상이다. 빨래하는 여인들의 수다도 세탁기의 기계음으로 바뀌어 버렸다. 옛날에는 길에서 친구를 만나 안부를 묻곤 했는데 지금은 차창 밖으로 가벼운 손짓이나 할 뿐이다.

개발도상국이라 불리는 나라에는 아직도 예전 삶의 양식이 남아 있다. 거기에서는 직접 빵을 만들고 밀을 빻고 닭털을 뽑고 광장에서 끝도 없이 수다를 떤다. 하지만 스위스에서 발전한 것은 사회, 집단적인 것, 조직, 규제, 계획, 관료 정치, 경제, 기계, 익명의 비인격적인 기술뿐이다. 무언가를 생산하는 기계가 아니라 한 인격체로 대해지는 것, 자기 정체성을 주장하는 것, 다른 사람들과 진정한 관계를 맺는 것, 간단히 말해 흥겨움(conviviality)—일리히의 멋진 표현이다[51]—속에 사는 것이 인간의 욕구임을 감안할 때, 우리는 명백히 후진적이다. 개발도상에 있는 것도 아니라 후퇴하고 있는 것이다.

모든 것이 이윤과 물질적 번영에 희생되었다. 그것이 모든 인류에게 생존에 필요한 최소한의 것만이라도 보장해 줄 수 있다면 얼마나 좋을까! 그러나 서구 세계는 그 많은 학자와 전문가와 기계를 갖추고서도 이 일을 해 내지 못했다. 서구가 그렇게 할 수 있었다면 제3세계 전체가 서구 편에 섰을 것이다. 그러나 그와는 반대로, 서구의 부가 값싼 원료에 의지해서, 다른 이들의 가난을 통해 얻어졌다는 것이 드러났다. 최소한 서구의 물질적 번영이 문화를 윤택하게 했다면 얼마나 좋겠는가! 하지만 문화는 개인적이고도 깊은 생각에 잠기게 해주는 도서관의 침묵에서 빠져나와 각종 매체의 시끌시끌한 소리에 파묻혀 버렸다. 여가 시간마저도 광고가 원격 조정하고 상업 회사들이 이용하는 대중 운동이 되었다.

이러한 보편적 조건에 갇혀, 사람들은 너무나 자주 굴복한다. 그들은 자신이 일상성의 그물에 갇히도록 내버려두고, 학교에 들어가기 전에는 그토록 생생하게 살아 있던 자연스러운 창조성을 잃어버린다. 일리히는 학교를, 소비 사회를 위해 일하는 로보트를 만드는 기계로 본다. 나는 요즘 퇴직자들에게서 그런 모습을 너무나 명백히 목격한다. 다행히 모두 그런 것은 아니다. 아르투르 호레스(Arthur Jores) 박사는 때로는 치명적인 퇴직의 위기가 일상에 갇힌 정신을 위협할 수 있다는 것을 보여 주었다.[54] 직업 활동 외에 개인적인 삶을 모두 포기했으나 갑자기 직업이 없어져 버린 대단히 관료주의적인 공무원들이 그 예다.

일상에 매인 사람들

많은 사람들이 삶이 단조롭다고 불평하는데, 그들은 실제로 자신이 느끼는 정도보다 훨씬 더 매여 있다. 그런 삶에 익숙해 있기 때문이다. 어느 날 텔레비전이 방송을 중단해 버린다면 어떤 일이 일어나겠는가? 방송사가 국가로부터 직원의 파업권을 규제할 권한을 얻으려 할지도 모른다. 하지만 텔레비전은 최근에 등장한 물건이다. 나는 반세기 이상을 텔레비전 없이 지냈다. 일상성의 예로 이보다 좋은 것도 없을 것이다. 매일 이 작은 화면 앞에서 여러 시간을 보내는 사람들은 대개 집중하지 않고 깊이 생각하지도 않는다. 때로는 그 앞에서 졸기까지 한다. 그런 줄도 모르고 제작자들은 심혈을 기울여 가치 있는 프로그램을 제작해서 제공한다. 그렇다고 시청자들이 그런 프로그램에 대한 비판을 자제하는 것도 아니다. 그들은 마치 삶의 공허함을 채우기만 하면 된다는 식으로 텔레비전 앞에 수동적으로 앉아, 다른 것에 관심을 가지면 새로운 일을 할 수 있을 것이라는 생각에 이를 수조차 없다. 스포츠팬으로 자처하며 안락의자에 앉아 경기 중계 방송을 지켜보는 대신 직접 축구를 하러 나갈 수도 있을 텐데 말이다.

일상성에 대해서는 분명 서로 대립되는 감정이 양립한다. 우리는 판에 박힌 삶에 대해 종종 불평하지만, 실존적 참여의 문제를 피할 수 있는 손쉬운 방법으로 그것을 좇는다. 즉 일상성은 감옥이지만 피난처가 되기도 한다.

이 시점에서 한 가지 이미지가 떠오른다. 그것은 호두까개에 관한 것으로, 이 책에서 계속 제기해 온 문제에 해답이 되기도 한다. 일상성은 무척 제한된 공간 안에 우리를 교묘하게 가두어 두는데, 호두 껍질은 이렇게 점점 단단해져 가는 피난처를 나타낸다. 껍질은 우리의 창조적 감수성이라는 부드럽고 맛있는 열매를 안전하게 담고 있다. 껍질을 깨면 그 안에서 열매를 얻을 수 있을 것이다.

일상성 안에서 구체화되어 굳어지는 인생의 정상적 과정을 교란시키는 모든 상실(아틀랑에게는 '잠음')을 호두까개로 비유할 수 있다. 호두 껍질을 부수는 것은 갑자기 우리에게 밀어닥치는 유감스러운 사건 같은 가혹한 재난들이다. 특별히 고통스러운 시련을 당할 때면 누구나 자기 삶이 작은 호두 껍질처럼 깨졌다고 느낄 것이다. 그렇다. 나는 의사이며 사람들의 고통에 익숙하다. 나 자신도 그런 고통을 당해 보았다. 그런 고통을 호두 껍질이 깨지는 것 정도로 축소시킬 의도는 전혀 없다. 어떤 비유로도 설명할 수 없고 도저히 측량할 수 없는 슬픔이 있다. 나는 정서적 삶의 중요성과 그 영향을 잘 안다. 우리 감정은 시련으로 인해, 특히 사별로 인해, 사랑하는 사람이 고통받는 것을 지켜보는 괴로움으로 인해 늘 상처받는다. 하지만 다른 측면이 있다는 것도 알아야 한다. 우리는 옛 일상이 더 이상 힘을 발휘하지 못하는 상황, 우리가 반드시 직면해야 하는 새로운 상황

앞에서 혼란을 느낀다. 이 때 단단한 껍질은 유전 암호, 심리적 콤플렉스, 조건 반사, 습관, 편견, 반복적 행동처럼 우리를 가두고 있는 엄격하고 고정된 틀 전부를 의미한다.

무언가가 깨진다. 결코 예전 상태로 돌아갈 수 없다. 그리고 정상적 삶의 행렬 안에서 잊어버리곤 했던 실존의 의미, 병이나 죽음 같은 고통의 의미를 스스로 묻기 시작한다. 의학계에서 박식하다고 하는 사람들이 역경을 견디는 법을 설명해 주지도, 가르쳐 주지도 못하기 때문이다. 원점으로 돌아가야 한다. 장 피아제가 연구했던 어린아이들처럼 이것저것 시도해 보아야 한다. 사람은 이러한 방법으로 조금씩 하나님을 찾아 가며, 성경의 모순을 설명할 수 있는 것이 아닌가? 사람은 홀로 자신을 발견하고, 페트루 두미트리우(Petru Dumitriu)가 말하는 '미지의 하나님'(*Au Dieu inconnu*),[22] 즉 정의 내리는 것을 허용하지 않는 하나님과 대면하게 되는 것이 아닌가? 시련과 상실을 겪고 나서 창조성이 솟아나면 통찰력이 깊어진다. 이러한 경험이 저절로 창조성을 불러일으키는 것은 아니다. 안락하고 케케묵은 일상성을 깨뜨려야 한다. 창조성은 관습에 복종하는 태도에 의해 감추이고 갇혀 버리며 질식당하기 때문이다. 창조성은 우리 마음에 존재하는 하나님의 선물이요 인간의 본성을 이루는 것이다. 성경 기자는 이렇게 표현했다. "하나님이 자기 형상 곧 하나님의 형상대로 사람을 창조하시되…"(창 1:27). 하나님은 창조주시다. 그분의 형상대로 지음받았다는 것은 창조성을 부여받았다는 의미다.

그러므로 모든 인간은 선천적으로 창조에 대한 욕구, 모험에 대한 욕구를 타고났다. 나는 내 아들 하나가 스키를 타다가 다리를 부러뜨렸을 때 했던 말을 늘 기억한다. 그 아이는 날이 저물어 갈 무렵 빨리 올라가서 마지막으로 한 번만 더 스키를 타고 오겠다고 했다. 당시에는 기계식 리프트(멋진 일상적 도구다!)가 없었다. 그런데 아이가 나타나지 않아 우리가 찾으러 갔다. 아이를 찾은 사람은 나였다. 아이는 내가 자기 쪽으로 몸을 숙이자 다소 엄숙한 목소리로 "결국 일이 났어요"라고 말했다. 나는 무척 놀랐다. 그 아이는 과잉보호를 받고 있다고 느껴 왔던 것 같고 나는 그것을 깨닫지 못했었다. 그 아이는 자신의 삶이 너무 진부해서 창조적 모험을 하고 싶은 욕구에 부응하지 못한다고 느꼈던 것이다.

그렇다. "가장 좋은 세상에서 만사가 더 이상 바랄 것 없이 잘 돌아가고 있다면, 인간은 아무것도 발명하지 않을 것이다."[96] 자크 사라노의 말이다. 아틀랑의 말도 인용할 수 있겠다. "잡음은 인력(引力) 안에 내포되어 있는 잠재적 속박을 현실로 드러내는 역할을 할 뿐이다." 그가 말하는 잡음은 너무 작아서 결정론에 속박된 우주 안에서는 무시할 수 있는 것으로 간주될 수도 있다. 하지만 그것은 어마어마하게 큰 중요성을 가질 수도 있다. 그는 에드가 모랭(Edgar Morin)의 말을 인용한다. "역사는 돌이킬 수 없는 재난의 연속일 뿐이다."[73] 그것은 호두 껍질을

까는 것과 같다. 그러나 호두 껍질은 저절로 깨져 열릴 수 있다. 호두가 땅에 떨어지면 결국 단단한 껍질이 부패할 것이다. 이 죽음의 과정은 생명의 싹을 해방시켜 그것이 자라나게 해준다. 역사적으로 옛 문명이 붕괴되어야만 새로운 문명이 번성했다. 오늘날 로마 클럽 학자들은 예레미야가 이스라엘 백성에게 경고했듯 우리에게 각종 재난을 예고한다. 이스라엘 사람들은 앙드레 네헤르(André Neher)[77]가 '밤의 선지자'라 부른 예레미야의 말을 잘 듣지 않았는데 현대인은 이보다 더 말을 듣지 않는 것 같다.

시련 뒤의 재생

우리가 깊이 숙고해야 할 교훈이 여기에 있다. 우리 삶을 뒤흔들고 마음을 어지럽히며 짜증나게 하고 성가시게 하고 슬프게 하고 고통스럽게―때로는 지독할 정도로―하는 것 자체가 우리에게 성장과 발전을 가져다 주는 것은 아니다. 그것은 그런 일을 가능하게 하는 조건이다. 호두까개를 너무 세게 눌러 알맹이까지 으스러지는 것처럼 우리가 그런 일들로 인해 철저히 무너지는 일은 없을 것이다. 그런데 알맹이가 부서지지 않는다 해도 흠집은 나게 마련이다. 사람에게 닥치는 시련은 창조성의 기회가 되기 전에는 모두 슬픔이요 고뇌요 손상이다. 그렇기 때문에 하나님은 의사와 간호사, 사회복지사, 물리 치료사, 재활 훈런 교사들에게 시련에 처한 이들을 돌보라는 소명을 주셨다. 또한 그분은 자연을 연구하여 자연이 하는 일을 도우며 그것이 어떻게 작용하는지 이해하라고 하셨다. 우리가 히포크라테스 이래로 알게 된 바에 의하면 치료하는 주체는 자연이기 때문이다.

나는 늘 이러한 재생(regeneration) 현상에 놀라곤 한다. 외과 의사들은 핀이나 나사 혹은 다른 장치를 사용하여 부러진 뼛조각을 맞춘다. 하지만 그것은 예비 작업일 뿐이다. 실제 작업은 수백만 개나 되는 세포의 질서 정연한 활동으로 완성된다. 그것은 조잡하게 꿰매는 것이 아니라, 한 올 한 올 정교하게 붙이는 작업이다. 밖에서 세균이 침입하면, 전 기관이 요동치며 일대 소동이 벌어지고 전투가 시작된다. 이렇게 해서 창조성이 폭발한다. 모든 원거리 통신망이 가동되고 정보가 모든 방향으로 흘러나간다.

각 세포는 위기 상황에 무슨 일을 해야 하는지 사전에 알고 있다. 마치 장군의 전투 계획이 군사 한 사람 한 사람에게 전달된 것과 같다. 모든 세포는 아주 자세하고 작은 암호(code)를 지니고 있으며 수십억 부나 복사된다. 세포는 항체를 생성하는 법을 안다. 세포는 각기 다른 단백질을 정확하게 구분하기 때문에 전투 중에 적군과 아군을 오인하지 않는다. 세포는 자신의 암호와 알파벳을 잘 안다. 태어나기도 전부터 그것을 배웠다고 생각해 보라. 그뿐이 아니다. 세포핵은 세포 자신, 즉 살아 있는 물질로부터 생성된다. 또한 세포핵은 서로 뚜렷하게 구분되는 핵산으로 가득 메워져 있다. 그런데 암호의 복제 과정에서 약간의 실수가 발생한다. 과학자들은 오랫동안 그러한 실수 가능성을 믿지 않았다. 그런데 지금은 그런 실수가 우연히 일어나는 것이 아니며, 훨씬 더 생산적인 정보로 전달하기 위한 것이라고 말한다.

그렇게 해서 개인의 삶뿐 아니라 국민의 삶에서 재난과 창조성이 자리바꿈을 한다. 상실은 창조성이 새롭게 전개되는 기회일 수 있다. 다른 것을 잡기 위해서는 이전 것을 놓아야 한다. 나는 이 인생 법칙을 비유로 설명한 적이 있는데 많은 사람들이 그것에 주목했다. 그들이 거기서 강한 인상을 받았기 때문이다. 그것은 공중 그네의 비유다. 서커스에서 공중 그네를 타는 사람들은 다른 그네를 잡기 위해 잡고 있던 것을 놓아야 한다. 재난은 우리에게 무엇인가를 가르쳐 준다. 의사는 예전에 잘못된 진단을 내린 일을 계속 상기하려고 하는데, 그 이유는 같은 실수를 반복하지 않기 위해서다.

자발적인 상실

사람이 어쩔 수 없이 상실에 처하고 그것을 재난으로만 느끼는 것은 아니다. 의지적으로 단호하게 선택한 상실도 있다. 자유로운 상태에서 스스로 받아들이는 상실은 자기 포기, 즉 극기(克己)다. 산상수훈의 팔복, 아시시의 성 프란체스코를 생각해 보라. 경건한 수도사나 수녀들의 청빈 서약을 생각해 보라. 엘리 비젤(Elie Wiesel)의 책「하시디즘의 의식」(*Célébration hassidique*: 하시디즘은 18세기 후반 폴란드 유대교도 사이에 일어난 신비주의적 경향의 신앙 부흥 운동이다—역주)[114]에는 가난에 대한 매력적인 표현이 들어 있다. 그는, 가난이 무척 귀중한 것이지만 "아무런 대가를 요구하지 않는다"고 말한다. 모든 신자에게 자기 의지의 포기라는 덕목이 요구되었다는 것을 생각해 보라. 그런 이들에게 약속된 것은 바로 새로운 창조성이다. "또 내 이름을 위하여 집이나 형제나 자매나 부모나 자식이나 전토를 버린 자마다 여러 배를 받고…"(마 19:29). 예수님은 나무와 열매 비유, 더 풍성한 수확을 얻기 위해 가지치기한 포도나무 비유(요 15:2)를 들어 창조성에 대해 많이 말씀하셨다. 그런데 이 사실만은 분명하다. 자기 번영 때문에 타락한 서양에서는 더 이상 자기 포기의 덕목이 유행하지 않는다.

그러므로 모든 종교가 성생활과 관련하여 상실 혹은 규제를 제도화했다는 것은 이해할 만한 일이다. 프로이트가 좋아한 주제인 근친상간 금지, 성직자의 결혼 금지, 금욕 기간 혹은 금식이 그 예다. 어떤 포기도 요구하지 않는 종교는 진지하게 받아들여지지 않고 창조성을 회복시킬 수도 없다. 건강상의 가치는 제쳐두더라도, 금식은 내가 호두 껍질 까기 비유로 이야기한 일상성의 지배를 자연스럽게 차단시킨다.

나는 고기를 금해야 할 정도로 그렇게 많이 좋아하지는 않는다. 사람마다 나름대로 기호가 있는데 우리는 어떤 것의 노예가 되기 쉽다. 그래서 스스로 많은 것을 절제하는 경건한 사람이 초콜릿을 못 끊고 사는 경우를 보았다. 나는 담배를 무척 좋아한다. 많은 그리스도인들이 금연을 자신의 신앙을 증거하는 행위로 생각한다. 나도 한때 그들의 본을 따라 흡연을 절제했다. 그러다가 내가 좀 바리새적인 자만심을 갖고 있다는 것을 깨닫게 되었다. 내 신앙과 직업은 그런 종류의 자만심을 경계하도록 해주었다. 본질적인 것은, 우리가 무엇을 하거나 자제하는 것이 아니라 우리 행위의 동기라는 것을 나는 경험으로 배웠다. 그런데 하나님을 향한 나의 사랑을 표현하려는 자발적 결심이 인습의 모델을 따르는 것으로 변질되었던 것이다.

어느 날 나는 친분이 두터운 한 환자에게 함께 담배를 끊자고 제안했다. 그에게 금연을 권하기 위해서였다. 몇 년 뒤에 그를 길에서 만났는데, 그는 입에 담배를 물고 있었다.

"이제 담배를 피우세요?" 내가 물었다.

"한 번도 끊은 적이 없어요. 나는 금세 담배 피우는 것을 허용하는 의사 선생님을 찾았죠." 그가 대답했다.

"나한테 얘기해 주지 그랬어요. 나는 그 이후로 쭉 담배를 안 피웠단 말이에요."

하지만 그와 헤어지고 나서 나는 묘한 행복감을 느꼈다. 특별한 목적이 없기에 아무런 대가를 요구하지 않는 작은 모험을 감행하며 살아오고 있다는 사실 때문일 것이다.

9장 일상성과 창조성

지난 몇 년 간 나는 금식의 의미를 더욱 제대로 이해하게 되었고, 1년 중 한 달 동안 담배를 피우지 않겠다고 결심했다. 나는 자유롭게 금연하기 때문에 전혀 애쓰지 않아도 되었다. 아무도 나를 구속하지 않았다. 그것은 작은 극기일 뿐이다. 하지만 나에게는 상징적인 의미를 지닌다. 내가 습관의 노예도, 편견의 노예도 되지 않는다는 것을 뜻하기 때문이다. 물론 더 큰 대가를 요구하는 일도 해야 했다. 나는 직업의 방향을 바꾸어 도덕적, 영적 삶이 건강에 미치는 영향을 연구하라는 부르심을 들었다. 친한 친구들까지 포함하여 나를 이해하는 사람은 아무도 없었다. 나는 고객들을 잃었고 그들을 되찾기까지 몇 년이 걸렸다. 그런데 직업적 일상성이라는 껍질은 부서져 버렸지만 그 안의 씨는 서서히 싹을 틔울 수 있었다.

영적 부르심에 의해서가 아니라면 누가 자발적으로 자기 특권을 포기하겠는가? 프로이트는 인간을 인도하는 것, 즉 인간 행동의 원동력을 찾다가 처음에는 쾌락 원리만을 발견했다. 그리고 가장 이기적인 행동에서부터 좀더 너그러운 행동에 이르기까지, 모든 인간 행동에서 이 원리가 큰 역할을 한다는 인식이 보편화되었다. 하지만 이 세상에서 사람의 욕구를 완전히 만족시키는 것은 불가능하다. 그래서 프로이트는 두 번째 원리, 즉 현실 원리를 인정했고 그에 대해 설명했다. 이성은 현실적 한계를 깨닫고, 충족할 길 없는 욕구를 포기하라고 명령한다. 하지만 프로이트는 세 번째 원리를 놓쳤다. 그것은 하나님의 부르심으로, 아주 다른 종류의 포기를 유도한다.

성 프란체스코는 부유하고 권세 있는 가문에서 태어났는데 그로 하여금 그런 환경이 주는 특권을 포기하게 만든 것은 현실 원리가 아니었다. 부처가 어린 시절 그에게 완벽한 온실이 되어 주었던 궁전을 떠나게 된 것도, 그리고 수도사와 수녀, 그리스도인, 유대교인, 불교도, 이슬람교도, 그 외 다른 신자들이 청빈 서약을 하는 것도 현실 원리 때문이 아니다. 그들로 하여금 그렇게 하도록 이끈 것은 바로 하나님의 부르심이다. 얼마나 많은 신자들이 회심의 순간에 호두 껍질이 깨지듯 하나님의 강력한 손길에 의해 자신의 자만심과 완고함이 깨지는 느낌을 받았다고 말하는지 모른다.

하지만 하나님의 부르심은 완전히 개인적인 문제라서, 부당한 특권을 집단적으로 포기하는 것—폭력이라는 현실의 압력 없이도 그런 일이 일어날 수 있다—과는 전혀 다르다. 1789년 8월 4일, 프랑스 귀족 계급은 성난 민중 때문에 하는 수 없이 자신들의 특권을 포기했다. 하지만 그들의 분노를 가라앉히기에는 이미 너무 늦었다. 농노와 노예 해방도, 여성 해방도, 식민지 해방도 심각한 대치 없이 달성된 것이 아니었다. 그것은 비극이다. 역사의 영역에서는 많은 껍질들이 깨지지 않으면 진보가 이루어질 수 없다. 하지만 한 국가의 비범한 인물들은 용기를 발휘하여 결정적인 역할을 할 수 있다. 아브라함 링컨은 노예 제도를 폐지하면서, 드골 장군은 프랑스 식민지였던 알제리를 해방시키면서 그런 역할을 했다. 그리하여 드골이 식민지를 지키리라고 믿고 그에게 권력을 맡긴 사람들은 그를 배신자로 생각하게 되었다.

모든 나라의 국회는 끊임없이 법을 입안하지만 법을 폐지하는 일은 거의 하지 않는다. 그 법들은 약자를 보호하기도 하지만 대개 권력층의 기득권 보호에 초점이 맞추어져 있다. 따라서 체제 전체가 단단한 덩어리로 굳어지고, 모든 창조적 결단은 제거되지 않는 일상성의 망과 충돌한다. 사회는 모든 칸이 말로 채워져서 게임을 더 이상 진행할 수 없는 체커판과 같다. 과거에 독일은 국가 전체가 붕괴해 버렸기 때문에 화폐 개혁을 단행하였고, 그로 인해 경제적으로 다시 한 번 도약할 수 있었다. 국민들은 자신이 저축해 놓은 돈에 결별을 고하고 60마르크를 받아들고 원점으로 돌아갔다. 이것은 전 국민에게 의무화된 일종의 청빈 서약이었다. 오늘날 잘 사는 나라들은 선진국과 후진국의 격차 문제를 해결할 묘책을 찾고 싶어하지만 자신들은 어떤 것도 포기하지 않는다는 조건을 고수한다. 이것은 소위 현재 남북 간 대화의 비극(부유한 나라는 북반구에, 가난한 나라는 남반구에 많기 때문에 선진 공업국과 저개발 후진국 사이의 발전과 소득 격차에서 생기는 문제를 말한다—역주)이며 비현실적인 열망이다. 우리가 어떤 것을 희생하기로 동의했을 때에는 이미 너무 늦지 않았을까 염려된다.

그런데 우리 성찰의 결론은 개인의 운명에서든, 국가의 운명에서든 항상 고통과 시련과 상실과 잡음이 있다는 것이다. 그것은 우리가 싸워야 할 악이며 그 자체에는 유익한 덕이 없다. 하지만 우리는 천부적인 창조성을 의지해야 한다. 우리는 이러한 고통과 싸워야 하고, 그에 올바로 반응해야 하기 때문이다. 또한 고통으로 인해 오랫동안 익숙했던 일상성이란 장치가 부수어져 익숙한 행동 모델이 소용 없어졌기 때문이다. 창조성은 우리 삶에 더 자유롭고 더 사려 깊고 더 독창적이고 더 생산적인 새로운 추진력을 제공해 줄 수 있을 것이다.

시련 후의 창조성

물론 이런 일이 일어난다는 확실성도 없을 뿐더러 시련의 순간에 이를 의심하기 쉽다. 하지만 창조성이 샘솟을 가능성은 분명히 있으며 이러한 사실은 우리에게 용기와 희망을 되살려 줄 수 있다. 그 때문에 나는 이 글을 쓰고 있다. 시련에 의해 성장할 수 있다는 관점에서 희망과 용기가 되살아난다면, 성장이라는 좋은 결과가 일어날 개연성이 커질 것이고, 다음번에는 시련에 대항해 싸우고 희망을 가질 이유가 더 많아질 것이다. 눈덩이 효과가 일어나는 것이다.

분명 이것은 확실성의 문제가 아니라 개연성의 문제다. 알다시피 현대 물리학은 개연성에 대해서만 말하고 있다. 현대 물리학은 고전 물리학의 토대였던 엄격한 결정론을 좀더 온건한 이 개념으로 대체했다. 인문 과학에서는 더더욱 개연성에 대해서만 말할 수 있다. 현재의 시련을 반드시 더욱 창조적인 삶을 살게 되는 것은 아니다. 하지만 그런 일이 가능하다는 것을 보여 주는 많은 모범 사례에 의해 소망이 더욱 일깨워질수록 이런 일이 발생할 개연성은 높아질 것이다.

독자는 항상 '만약에'가 있다는 것을 알아차렸을 것이다. 렌취니크 박사가 말하듯, 만약에 고아에게 충분한 자원이 있다면. 에이날 박사가 말하듯, 만약에 무언가를 상실한 사람에게 창조적 정신이 있다면. 내가 말하듯, 만약에 이 사람이 충분한 도움을 받는다면. 앙리 아틀랑이 말하듯, 만약에 잡음이 무질서를 야기하고 엔트로피를 증가시키는 대신에 질서를 창조하고 증가시킨다면. 그렇다. 이러한 '만약에'는 불확실성을 개입시키지만 동시에 그런 일이 일어날 개연성도 함축한다. 그러한 개연성이 커지는 만큼 용기도 더 커질 것이다. 독자는 궁극적으로 그것이 우리 자신과 우리의 개인적 태도에 달려 있다는 것을 알 것이다.

확실한 것은 인생의 모든 시련이 밭을 가는 것처럼 씨를 뿌릴 수 있는 빈 공간을 만들어 준다는 것이다. 시련만이 신체적, 정신적 습관의 굳은 껍질을 깨뜨리기 때문이다. 사별로 생긴 빈 공간에, 질병과 그것을 따라다니는 죽음 가능성으로 생긴 빈 공간에, 오랜 노력 끝의 실패로 인한 빈 공간에, 고독에서 빠져나올 수 있다는 희망이 깨어지고 난 후에 다시 찾아오는 고독의

빈 공간에 구속하는 삶의 굴레 속에서는 전혀 생각지 못했던 근본적 질문들이 자리잡을 것이다.

우리를 구속(拘束)하는 진부한 삶의 굴레. 그것은 우리가 시련에 의해 강제로 멈추어야 할 때 실감하게 되는 실존의 진부함이다. 우리는 야단스러운 현대 생활에 저항한다. 하지만 우리 자신이 그것에 갇히도록 방치해 둔다. 갑자기, 그 전에는 긴급하게 보였던 많은 것들이 공허하게 보이기 시작한다. 우리는 반복적 일상 속으로 가라앉아 있었다. 우리는 존재보다 행위에, 성공과 이윤에, 지식과 소유에 몰두하는 강력한 사회적 게임 앞에 굴복했다. 이런 소란 속에는 영감이 들어설 자리가 없다. 그런데 창조성이 바로 영감이다. 정말로 창조적이려면, 잠깐 멈추어 개인적으로 선택한 삶의 목표를 깊이 생각하고 또 생각해야 한다. 사람의 진정한 일은 자신의 삶이기 때문이다.

나는 성공가도를 달리고 있을 때에도 그러한 성찰을 하는 사람들을 보고 감동을 받는다. 어떤 시련이 그들로 하여금 의문을 갖게 했을 것이다. 권력을 향한 발걸음—최상의 명분이 있는 때에라도—을 어디서 멈출 수 있을까? 또한 나는 이들을 보고 선지자가 엘리야 생각났다. 그도 하나님을 명분으로 기이하고 놀라운 일들을 행했다. 그는 갈멜 산 위에서 기적을 행했고 사람들을 흥분시켰고 450명의 바알 선지자를 죽였다. 하지만 그는 당시의 권력자인 이세벨과 충돌했는데, 그녀는 기가 꺾이기는커녕 그를 죽여 복수하고자 했다. 이러한 실패에 직면하여 그는 도망가야 했고 의기소침해져서 죽음만을 기다릴 뿐이었다.

이 때 그 유명한 장면이 나온다. 산 속 깊은 동굴 입구에서 그는 하나님 혹은 적어도 연속되는 그분의 형상이 지나가는 소리를 듣는다. 맨 먼저 크고 강한 바람이, 그 다음에는 땅의 흔들림이, 그 다음에는 불이 나타났다. 하지만 하나님은 거기에 계시지 않았다. 그는 '세미한 소리'(왕상 19:12) 가운데 그분이 임재하심을 느꼈다. 이렇듯 묵상 중에 우리 머릿속에 떠오르는 하나님의 형상이 바뀐다. 그 때까지 엘리야의 하나님은 그의 적을 격파해 주시는 전능자일 뿐이었다. 엘리야는 이사야처럼 "마음이 온유하고 겸손한"(마 11:29) '종'으로 성육신하신 하나님, 즉 "상한 갈대를 꺾지 아니하는"(사 42:3) 예수님을 미리 만나 본 것 같다.

유일한 희망, 예수님의 인격

우리도 기술 문명에 영합하여 권력 추구에 몸을 맡겼다―심지어 교회 안에서도. 우리는 권력에 대한 데카르트적인 환상, 즉 객관적 이성만으로 명석 판명한 것들을 쌓아 올려 완전무결한 지식 체계에 도달할 수 있다는 환상에 빠져 있다. 우리는 인격의 부드러움이 아니라 사물의 딱딱함에 우선순위를 두었다. 그리고 사물의 세계를 건축하여 고도로 발달시키는 데 성공했다. 하지만 인격을 희생시켰다. 무소불위의 기계적 세계에서 인간은 비인격화되어 버렸다. 기계적이고 객관적이며 반복적인 것은 사물의 세계다. 창조성, 공상, 시심(詩心), 감성을 부여받은 것은 인격이다. 그러나 우리는 기술적 진보, 사물의 진보에 희망을 걸었다.

그런데 나를 고무하는 기독교적 희망은 사물이 아니라 인격이다. 이 보잘것없는 사물, "인류에게 주어진 빈약한 위로",[43] 그리스인들의 생각같이 판도라가 호기심을 참지 못해 상자를 열었을 때 다른 것들처럼 빠져 나가지 않고 상자 밑바닥에 남아 있었던 것에는 진정한 희망이 없다. 르낭(Renan)은 최근의 과학적 발견으로 머지않아 우주의 신비에 대한 모든 불확실성이 사라질 것이라고 믿었다. 그러나 그가 말하는 이 대단한 사건에도 희망이 없다. 희망은 인격, 예수님의 인격에 있다. 그분은 하나님의 아들이었지만 하나님의 뜻을 더듬어 찾아갔다. 우리는 죽음을 향해 가고 있지만 예수님은 지금도 살아 계신다. 그분은 죽음 너머의 세상, 우리를 위해 예비하러 가신다고 하신 거처(요 14:2)에서 우리를 기다리고 계신다.

인용 도서

1) Assagioli, Roberto, *Construire sa vie par la psychosynthése*, Paris, Courrier du Livre, 1965.
2) Atlan, Henri, *Entre cristal et fumée: essai sur l'organisation du vivant*, Paris, Le Seuil, 1979.
3) Atlan, Henri, *L'organisation biologique et la théorie de l'information*, Paris, Hermann, 1972.
4) Augustinus, Saint, *The Confessions,* Nelson, 1938. 「고백록」(크리스챤다이제스트).
5) Babel, Henry, *Le secret des grandes religions*, Neuchâtel, La Baconniére, 1975.
6) Balint, Michael, *Le médecin, son malade et la maladie*, Paris, Presses Universitaires de France, 1960.
7) Benoît, Jean-Daniel, *Calvin, directeur d'âmes*, Strasbourg, Oberlin.

8) Bourbon-Busset, Laurence et Jacques, in "Chabanis No. 10."

9) Bovet, Théodore, *Le mariage, ce grand mystère*, Neuchâtel, Delachaux & Niestlé, 1956.

10) Chabanis, Christian, *Dieu existe?—Oui*, Paris, Stock, 1979.

11) Charon, Jean E., *L'esprit, cet inconnu*, Paris, Collection Marabout, Albin Michel, 1977.

12) Chouraqui, André, *La Bible*, trs into French, 26 vol., Desclée De Brouwer, 1974-1977.

13) Chouraqui, André, *Ce que je crois*, Paris, Grasset, 1979.

14) Collins, Gary R., *The Christian Psychology of Paul Tournier*, Grand Rapids, Michigan, Baker Book House, 1973. 「폴 투르니에의 기독교 심리학」(한국 IVP).

15) Dawkins, Richard, *The Selfish Gene*, OUP, 1976. 「이기적 유전자」(을유문화사).

16) Delaunay, Albert, 'interview' in "Chabanis No. 10."

17) Delumeau, Jean, *La peur en Occident*, Paris, Fayard, 1978.

18) Descartes, René, *Le discours de la méthode*, Paris, Vrin, 1930. 「방법 서설」(범우사).

19) Dolto, Françoise, *Le cas Dominique*, Paris, Le Seuil, 1971.

20) Dröscher, Vitus B., *Ils se déchirent et ils s'aiment…tout comme les hommes*, Paris, Seghers, 1974.

21) Dubois, Paul, *Les psychonévroses et leur traitement moral*, Paris, Masson, 1905.

22) Dumitriu, Petru, *Au Dieu inconnu*, Paris, Le Seuil, 1979.

23) Duruz, Didier, *Une errance au pays du vieillir…approche existentielle et réflexion*, Travail de recherche, Genève, Institut d'Etudes Sociales, 21 Oct. 1980.

24) Fabre, Jean-Henri, *Souvenirs entomologiques*, Paris, Delagrave, 1923. 「파브르 곤충기」(삼성출판사).
25) Foerster, H. von, *On Self-Organising Systems and their Environments*, Yovitz & Cameron, Pergamon Press, 1960.
26) Foucault, Michel, *Les mots et les choses*, Paris, Gallimard, 1966. 「말과 사물」(민음사).
27) Fouché, Suzanne, *Souffrance, École de Vie*, Paris, Spes, 1959.
28) Frankl, Viktor E., *La psychothérapie et son image de l'homme*, Paris, Resma, 1970.
29) Freud, Sigmund, 'Mourning and Melancholy', *The Standard Edition of the Complete Psychological Works of Sigmund Freud*, Vol. 14, Hogarth Press, 1953.
30) Freud, Sigmund, *Beyond the Pleasure Principle*, Hoarth Press and Institute of Psychoanalysis, London, 1950.
31) Freud, Sigmund, *Totem and Taboo*, trs J. Strachery, Routledge, 1950. 「토템과 타부」(문예마당).
32) Freud, Sigmund, *The Future of an Illusion*, ed. J. Strachery, trs W. D. R. Scott, International Psychoanalytical Library, Hogarth Press, 1962. 「환상의 미래」(효성사).
33) Freud, Sigmund, *Moses and Monotheism*, trs K. Jones, Hogarth Press, 1951.
34) Fromm, Erich, *The Creative Attitude*. M. Philibert가 *L'échelle des âges*에서 인용, Paris, Le Seuil, 1968.
35) Fromm, Erich, *The Art of Loving*, Allen & Unwin, 1957. 「사랑의 기술」(문예출판사).
36) Fuchs, Eric, *Le désir et la tendresse*, Genève, Labor et Fides, 1979.

37) Gander, Joseph, *Die Entwicklung der Medizin von Virchow zu Tournier*, Civitas, I Year. No. 9.
38) Girard, René, *Mensonge romantique et vérité romanesque*, Paris, Grasset, 1961.
39) Glucksmann, André, *Les maîtres penseurs*, Paris, Grasset, 1977.
40) Gonseth, Ferdinand, *Déterminisme et libre-arbitre*, Neuchâtel, Ed. du Griffon, 1944.
41) Goudot-Perret, André, *Cybernétique et biologie*, Paris, P. U. F., 1973, in "Que sais-je", No. 1257.
42) Granjon, Pierre, *Qu'est-ce que la guérison?*, Paris, Berger-Levrault, 1956.
43) Grimal, Pierre, *La mythologie grecque*, Paris, P. U. F. 1953, in "Que sais-je", No. 582.
44) Groupe Lyonnais d'Etudes médicales, philosophiques et biologiques, 1955. Chronique Sociale de France, 15 Oct., 1955.
45) Guernier, Maurice, *Tiers monde: trois quarts du monde*, Rapport au Club de Rome. Paris, Dunod-Bordas, 1980.
46) Gusdorf, Georges, *Dialogue avec le médecin*, Genève, Labor et Fides, 1962.
47) Haynal, André, 'Discours psychanalytique sur le manque', in "Les orphelins mènent-ils le monde?", No. 86.
48) Horn, Frances, *Psychothérapie des cancéreux*, Conférence Médecine de la personne, Bad Boll, 1976.
49) Huebschmann, Heinrich, *Ueber die Zweideutigkeit des Wohlbefindes bei organisch Kranken am Beispiel von zwei Patienten mit Herzinfakt*, Gesundheitspolitik, Berlin, 1961, Heft 4.
50) Illich, Ivan, *Nemesis Médicale*, Paris, Le Seuil, 1975. 「병원이 병을

만든다」(미토).

51) Illich, Ivan, *La Conviabilité*, Paris, Le Seuil, 1973.

52) Janov, Arthur, *The Primal Scream*, Abacus Books, Sphere Books, 1973.

53) Jaspers, Karl, *Great Philosophers*, trs R. Manheim, Harcourt Brace, 1975.

54) Jores, Arthur and Puchta, H. G., *Der Pensionierungstod*, München-Berlin, Medizinische Klinik, 1959.

55) Jung, C. G., *Aspects du drame contemporain*, Genève, librairie Georg, 1948.

56) Jung, C. G., *Métamorphose de l'âme et ses symboles*, Paris, Buchet-Chastel, 1953.

57) Kaiser, Edmond, *La marche aux enfants*, Lausanne, Ed. Pierre-Marcel Favre, 1979.

58) Klein, Mélanie, *Envie et gratitude et autres essais*, Paris, Gallimard, 1968.

59) Klopfenstein, Freddy, *Le soleil est nouveau tous les jours*, Neuchâtel, La Baconnière, 1977.

60) Kübler-Ross, Elisabeth, *Rencontre avec les mourants*, Revue Gérontologie, Paris, 10 March, 1973.

61) Kübler-Ross, Elisabeth, *Les derniers instants de la vie*, Genève, Labor et Fides, 1975.

62) Kurimura, Michio, *La communion des Saints dans l'œuvre de Paul Claudel*, Tokyo, Ed. France Tosho.

63) Lagache, 'Le travail de deuil', *Revue Française de Psychanalyse*, X, 4, 1938.

64) Lechler, Walther, and Lair, Jacqueline Carey, *I exist, I need, I am*

Entitled. A story of love, courage and survival, Garden City, N. Y. Doubleday, 1980.

65) Maeder, Alphonse, *La personne du médecin, un agent psychothérapeutique*, Neuchâtel, Delachaux & Niestlé, 1953.

66) Martin, Bernard, *Le ministère de la guérison dans l'Eglise*, Genève, Labor et Fides, 1952.

67) Martin, Bernard, 'Si le médecin se laisse mettre en question', *La vie protestante*, Genève, 14 Jan. 1977.

68) Maurois, André, 'Otages du destin', *Cahiers Ladapt*, Paris, No. 65, 15 Feb., 1979.

69) Milton, John, *Paradise Lost*, CUP, 1972-76. 「실낙원」(범우사).

70) Missenard, André, *A la recherche du temps et du rythme*, Paris, Plon, 1940.

71) Monod, Jacques, *Le hasard et la nécessité*, Paris, Le Seuil, 1970.

72) Morel, Bernard, *Cybernétique et transcendance*, Paris, Vieux Colombier, 1964.

73) Morin, Edgar, *Le paradigme perdu: la nature humaine*, Paris, Le Seuil, 1973.

74) Mottu, Philippe, *Le serpent dans l'ordinateur*, Neuchâtel, La Baconnière, 1974.

75) Mounier, Emmanuel, 'Médecine, quatrième pouvoir?', *Esprit*, March, 1950.

76) Nef, Frida, *Un sens à la vie*, Ed. de Caux CH, 1978.

77) Neher, André, *Jérémie*, Paris, Plon, 1960.

78) Odier, Charles, *Les deux sources, consciente et inconsciente, de la vie morale*, Neuchâtel, La Baconnière, 1943.

79) Peaston, Monroe, *Personal Living: An introduction to Paul*

Tournier, New York, Harper & Row, 1972.

80) Piaget, Jean, *La naissance de l'intelligence chez l'enfant*, Neuchâtel, Delachaux & Niestlé, 1968.

81) Plattner, Paul, *Glücklichere Ehen*, Bern, Huber, 1950.

82) Porret, Jean-Marie, *Orphelinage et crétivité*, Thèse, Genève, 1977.

83) Racanelli, Francesco, *La souffrance vaincue*, Neuchâtel, Delachaux & Niestlé, 1954.

84) Renard, Jules, *Poil de carotte*, Paris, Flammarion, 1933. 「홍당무」 (좋은생각).

85) Rentchnick, Pierre and Accoce, Pierre, *Ces malades qui nous gouvernent*, Paris, Stock, 1976.

86) Rentchnick, Pierre, *Les orphelins mènent-ils le monde?* de Senarclens, Pierre와 Haynal, André의 에세이를 첨부함. Paris, Stock, 1978.

87) Rentchnick, Pierre, 'Les orphelins mènent le monde?', *Médecine et Hygiène*, Genève, 26 November 1975, No. 1171.

88) Richardeau, M., *Bible et psychanalyse 3: le personnage de Moïse*, Cassette, Union des Groupes Bibliques Universitaires de France, Paris, 21 r. Serpente.

89) Ricoeur, Paul, *Histoire et vérité*, Paris, Aubier, 1955.

90) Ricoeur, Paul, '"Morale sans péché" ou péché sans moralisme', *Esprit*, Aug.-Sept. 1954.

91) Ricoeur, Paul, *De l'interprétation—Essai sur Freud*, Paris, Le Seuil, 1965.

92) Riesman, *The Solitary Crowd*, Yale UP, New Haven, 1961.

93) Rogers, Carl R., *On Becoming a Person*, Constable, 1961.

94) Rousseau, Jean-Jacques, *Lettre à Malesherbes*.
95) Sādāt, Anwar el, *In Search of Identity: an Autobiography*, Harper & Row, New York, 1979.
96) Sarano, Jacques, *L' homme double—dualité et duplicité*, Paris, l'Epi, 1979.
97) Sarano, Jacques, 'Sur Illich. Nemesis médicale', *Esprit* 1977, No. 2.
98) Sartre, Jean-Paul, *Les mots*, Paris, Gallimard, 1964. 「말」(홍신문화사).
99) Senarclens, Pierre de, 'La biographie psychanalytique des hommes politiques est-elle réalisable?' in "Les orphelins mènent-ils le monde?", No. 86.
100) Shannon, C. E., *A mathematical theory of communication*, Bell Syst., Techn., J. 1948.
101) Soljenitsyne, Alexandre, *Le déclin du courage*, Paris, Le Seuil, 1978.
102) Sorokine, Pitirim, *The American Sex Revolution*, Boston, Porter Sargent.
103) Sosnowski, Richard, *Retraite, esseulement: il y a solitude et solitude*, 미출간된 인격 의학 성경 공부 교재, Warwick, 1980.
104) Starobinski, Jean, *Jean-Jaques Rousseau, la transparence et l'obstacle*, Paris, Plon, 1957.
105) Tournier, Paul, *Violence et puissance*, Neuchâtel, Delachaux & Niestlé, 1977.
106) Tournier, Paul, *Mutig leben*, Basel, Reinhardt, 1980.
107) Tournier, Paul, *La Mission de la femme*, Neuchâtel, Delachaux & Niestlé, 1980. 「여성, 그대의 사명은」(한국 IVP).

108) Tournier, Paul, *Tenir tête ou céder*, Genève, Labor et Fides, 1962. *Problèmes de vie*, Genève, Labor et Fides, 1980으로 재출간.
109) Tournier, Paul, *Le personnage et la personne*, Paris, Delachaux & Niestlé, 1980.
110) Tournier, Paul, *Médecine de la personne*, Neuchâtel, Delachaux & Niestlé, 1940. 「인간 치유의 심리학」(보이스사).
111) Unwin, J. D., *Sex and culture*, Oxford University Press, 1934.
112) Verges, A., 'Faute et liberté', *Annales universitaires*, Besançon, vol. 10, 1969.
113) Weaver and Shannon, *The Mathematical Theory of Communication*, Urbana, Ill. University of Illinois Press, 1949.
114) Wiesel, Elie, *Célébration hassidique*, Paris, Le Seuil, 1972.
115) Ziegler, Jean, *Les vivants et la mort*, Paris, Le Seuil, 1975.
116) Zorn, Fritz, *Mars*, Paris, Galliamrd, 1980.

옮긴이 오수미는 한국외대 불어과를 졸업했으며, IVP 편집부 간사로 일한 바 있다. 지금은 프리랜서로 번역 및 교열 작업을 하고 있다. 역서로 「현대 사상과 문화의 이해」(예영), 「평범한 그리스도인의 특별한 헌신」(디모데), 「왜곡된 진리」(CUP) 등이 있다.

고통보다 깊은

초판 발행_ 2004년 11월 16일
초판 12쇄_ 2023년 1월 30일

지은이_ 폴 투르니에
옮긴이_ 오수미
펴낸이_ 정모세

펴낸곳_ 한국기독학생회출판부
등록번호_ 제2001-000198호(1978.6.1)
주소_ 04031 서울시 마포구 동교로 156-10
대표 전화_ (02)337-2257 팩스_ (02)337-2258
영업 전화_ (02)338-2282 팩스_ 080-915-1515
홈페이지_ http://www.ivp.co.kr 이메일_ ivp@ivp.co.kr
ISBN 978-89-328-1346-2

ⓒ 한국기독학생회출판부 2004

책값은 뒤표지에 있습니다.
무단 전재와 복제를 금합니다.